김선생
중등국어
어휘력

1단계

개정판
New Edition

구성과 특징

국어가 어려운 이유는 어휘력이 부족하기 때문입니다.
어휘력이 늘어나면 국어뿐만 아니라 다른 과목의 이해도 수월해집니다.

이 책의 어휘들은 주로 중등 교과 연계 어휘들로 구성하였습니다.
필수 어휘를 학습할 수 있도록 해두었으며
어렵고 생소한 단어들도 알기 쉽도록 하였습니다.

본 책은 크게 어휘 수업과 어휘력 키우기로 구성되어 있습니다.

어휘수업 제1회~ 제12회까지는
필수 관용구와 고유어, 속담, 한자성어를 회차별로 나누어 정리할 수 있게 해두었습니다.
또한 문제풀이를 통해 효율적인 암기를 할 수 있게 하였습니다.

어휘력 키우기 01회~19회까지는
어휘 문제를 풀면서 어휘력을 키울 수 있도록 구성하였습니다.

모든 공부의 가장 기초이자 기본인 어휘!
어휘 공부에 관심을 가지고
꾸준히 단계를 밟아 나가며
어휘 실력을 쌓을 수 있기를 바랍니다.

목차

어휘 수업 제1회

관용구

ㄱ

▸ 가닥이 잡히다   분위기, 상황, 생각 따위를 이치나 논리에 따라 바로 잡게 하다.

▸ 가도 오도 못하다   한곳에서 자리를 옮기거나 움직일 수 없는 상태가 되다.

▸ 가려운 곳을 긁어 주듯   남에게 꼭 필요한 것을 잘 알아서 그 욕구를 시원스럽게 만족시켜 줌을 비유적으로 이르는 말.

▸ 가방끈이 길다   많이 배워 학력이 높다. 예) **가방끈이 긴** 사람이 준비에 철저하다.

▸ 가슴을 치다   마음에 큰 충격을 받다. 예) 내 **가슴을 치는** 그 이야기.

▸ 가슴에 새기다   잊지 않게 단단히 마음에 기억하다. 예) 그 말씀을 **가슴에 새겨** 들었다.

▸ 가슴에 칼을 품다   상대편에게 모진 마음을 먹거나 흉악한 생각을 하다.

▸ 가슴을 찢다   슬픔이나 분함 때문에 가슴이 째지는 듯한 고통을 주다. 예) **가슴을 찢는** 모진 말.

▸ 가슴이 넓다   이해심이 많다. 예) 영주는 착하고 **가슴이 넓다**.

▸ 가슴이 미어지다   마음이 슬픔이나 고통으로 가득 차 견디기 힘들게 되다.

▸ 간을 졸이다   매우 걱정되고 불안스러워 마음을 놓지 못하다.

이치(理致): 사물의 정당한 조리. 또는 도리에 맞는 취지.

욕구(欲求): 무엇을 얻거나 무슨 일을 하고자 바라는 일.

흉악(凶惡): ①성질이 악하고 모짊. ② 모습이 보기에 언짢을 만큼 고약함.

고통(苦痛): 몸이나 마음의 괴로움과 아픔.

고유어

ㄱ

▸ 가다듬다   ① 정신, 생각, 마음 따위를 바로 차리거나 다잡다. 예) 정신을 **가다듬고** 다시 시도해 보았다. ② 태도나 매무새 따위를 바르게 하다. 예) 먼저 옷매무새를 **가다듬고** 심호흡을 했다.

▸ 가동질   어린아이의 겨드랑이를 치켜들고 올렸다 내렸다 하며 어를 때에, 아이가 다리를 오그렸다 폈다 하는 짓.

▸ 가득가득   ① 분량이나 수효 따위가 어떤 범위나 한도에 여럿이 다 또는 매우 꽉 찬 모양. ② 여럿이 다 빈 데가 없을 만큼 사람이나 물건 따위가 매우 많은 모양.

▸ 가락국수   가락을 굵게 뽑은 국수의 하나. 또는 그것을 삶아서 맑은 장국에 요리한 음식.

▸ 가물거리다   ① 작고 약한 불빛 따위가 사라질 듯 말 듯 움직이다. ② 의식이나 기억이 조금 희미해져서 정신이 있는 둥 없는 둥 하다.

▸ 가슬가슬하다   ① 살결이나 물건의 거죽이 매끄럽지 않고 가칠하거나 빳빳하다. ② 성질이 보드랍지 못하고 매우 까다롭다.

▸ 가없이   끝이 없이. 예) **가없이** 넓은 하늘.

▸ 간댕거리다   느슨하게 달려 있는 작은 물체가 조금 위태롭게 자꾸 흔들리다.

▸ 갈데없다   오직 그렇게밖에는 달리 될 수 없다.

▸ 고뿔   감기를 일상적으로 이르는 말. 예) **고뿔**에 들어 몹시 아프다.

수효(數爻): 낱낱의 수.

의식(意識): 깨어 있는 상태에서 자기 자신이나 사물에 대하여 인식하는 작용.

속담

ㄱ

▸ 가난이 죄다   가난해서 여러가지 범죄를 저지르거나, 불행과 고통을 당하게 된다는 말.

▸ 가는 말에 채찍질   열심히 하고 있는데도 더 빨리하라고 독촉함을 비유적으로 이르는 말.

▸ 가는 말이 고와야 오는 말이 곱다   자기가 남에게 말이나 행동을 좋게 하여야 남도 자기에게 좋게 한다는 말.

▸ 가랑비에 옷 젖는 줄 모른다   가늘게 내리는 비는 조금씩 젖어 들기 때문에 여간해서도 옷이 젖는 줄을 깨닫지 못한다는 뜻으로, 아무리 사소한 것이라도 그것이 거듭되면 무시하지 못할 정도로 크게 됨을 비유적으로 이르는 말.

▸ 가재는 게 편   모양이나 형편이 서로 비슷하고 인연이 있는 것끼리 서로 잘 어울리고, 사정을 보아주며 감싸 주기 쉬움을 비유적으로 이르는 말.

▸ 간에 붙었다 쓸개에 붙었다 한다   자기에게 조금이라도 이익이 되면 지조 없이 이편에 붙었다 저편에 붙었다 함을 비유적으로 이르는 말.

▸ 갈수록 태산   갈수록 더욱 어려운 지경에 처하게 되는 경우를 비유적으로 이르는 말.

▸ 값싼 비지떡   값이 싼 물건은 품질도 그만큼 나쁘게 마련이라는 말.

범죄(犯罪):법규를 어기고 저지른 잘못.

인연(因緣):사람들 사이에 맺어지는 관계.

품질(品質):물건의 성질과 바탕.

한자성어

ㄱ

▸ 가가호호(家家戶戶) 한 집 한 집.

▸ 가담항설(街談巷說) 거리나 항간에 떠도는 소문.

▸ 가렴주구(苛斂誅求) 세금을 가혹하게 거두어들이고, 무리하게 재물을 빼앗음.

▸ 각골난망(刻骨難忘) 남에게 입은 은혜가 뼈에 새길 만큼 커서 잊히지 아니함.

▸ 각양각색(各樣各色) 각기 다른 여러 가지 모양과 빛깔.

▸ 각주구검(刻舟求劍) 융통성 없이 현실에 맞지 않는 낡은 생각을 고집하는 어리석음을 이르는 말.

▸ 간담상조(肝膽相照) 서로 속마음을 털어놓고 친하게 사귐.

▸ 간운보월(看雲步月) 구름을 바라보거나 달빛 아래 거닌다는 뜻으로, 객지에서 집을 생각함을 이르는 말.

▸ 감개무량(感慨無量) 마음속에서 느끼는 감동이나 느낌이 끝이 없음.

▸ 감언이설(甘言利說) 귀가 솔깃하도록 남의 비위를 맞추거나 이로운 조건을 내세워 꾀는 말.

▸ 감지덕지(感之德之) 분에 넘치는 듯싶어 매우 고맙게 여기는 모양.

▸ 감탄고토(甘呑苦吐) 달면 삼키고 쓰면 뱉는다는 뜻으로, 자신의 비위에 따라서 사리의 옳고 그름을 판단함을 이르는 말.

항간(巷間):일반 사람들 사이.

융통성(融通性):그때그때의 사정과 형편을 보아 일을 처리하는 재주.

관용구

빈 칸에 알맞은 낱말을 쓰시오.

1) 가 □ 을 쓰다.
   ·본심을 감추고 겉으로는 그렇지 않은 것처럼 꾸미다.

2) 가 □ 끄 이 짧다.
   ·많이 배우지 못해 학력이 낮다.

3) □ 습 을 앓다.
   ·안달하여 마음의 고통을 느끼다.

4) 가슴에 소 을 얹다.
   ·양심에 근거를 두다.

5) □ 죽 만 남다.
   ·보기 흉하게 여위다.

고유어

밑줄 친 낱말의 알맞은 뜻을 찾아 번호를 쓰시오.

1) 한 여름에 고뿔에 걸리다니. (   )

2) 시장에서 먹은 가락국수가 참 맛있었다. (   )

3) 어머니는 돌아가신 할머니를 가없이 그리워했다. (   )

4) 정신을 가다듬고 다시 한번 해봐야겠다. (   )

5) 오래된 일이라 기억이 가물거린다. (   )

6) 별장은 인적이 드문 곳에 있어 고즈넉했다. (   )

7) 그 일은 내 깜냥으로는 할 수 없는 것이었다. (   )

> ① 가락을 굵게 뽑은 국수의 하나. 또는 그것을 삶아서 맑은장국에 요리한 음식.
> ② 정신, 생각, 마음 따위를 바로 차리거나 다잡다.
> ③ 의식이나 기억이 조금 희미해져서 정신이 있는 둥 없는 둥 하다.
> ④ 끝이 없이.
> ⑤ 스스로 일을 헤아림. 또는 헤아릴 수 있는 능력.
> ⑥ 고요하고 아늑하다.
> ⑦ 감기를 일상적으로 이르는 말.

속담

속담의 뜻을 찾아 연결하시오.

1) 고생을 사서 한다. ●

2) 고양이 목에 방울 단다. ●

3) 고운 정 미운 정. ●

4) 곪으면 터지는 법. ●

5) 공든 탑이 무너지랴. ●

6) 고슴도치도 제 새끼가 함함하다면 좋아한다. ●

● ㉠ 칭찬을 받을 만한 일이 못 되더라도 좋다고 추어주면 누구나 기뻐한다는 말.

● ㉡ 실행하기 어려운 것을 공연히 의논함을 이르는 말.

● ㉢ 잘못 처신한 탓으로 하지 않아도 될 고생을 하게 됨을 이르는 말.

● ㉣ 원한이나 갈등이 쌓이고 쌓이면 마침내 터지고야 만다는 것을 비유적으로 이르는 말.

● ㉤ 힘을 다하고 정성을 다하여 한 일은 그 결과가 반드시 헛되지 아니함을 비유적으로 이르는 말.

● ㉥ 오래 사귀는 동안에 서로 뜻이 맞기도 하고 맞지 아니하기도 하였으나 그런저런 고비를 모두 잘 넘기고 깊이 든 정을 비유적으로 이르는 말.

한자성어

보기를 보고 빈칸에 알맞은 말을 쓰시오.

1) 실제 사물의 이치를 연구하여 지식을 완전하게 함. ☐

2) 오래지 않은 동안에 몰라보게 변하여 아주 다른 세상이 된 것 같은 느낌. ☐

3) 개와 원숭이의 사이라는 뜻으로, 사이가 매우 나쁜 두 관계를 비유적으로 이르는 말. ☐

4) 맺은 사람이 풀어야 한다는 뜻으로, 자기가 저지른 일은 자기가 해결하여야 함을 이르는 말. ☐

5) 어떠한 실물을 보게 되면 그것을 가지고 싶은 욕심이 생김. ☐

6) 주사위를 던져 승패를 건다는 뜻으로, 운명을 걸고 단판걸이로 승부를 겨룸을 이르는 말. ☐

7) 머리와 꼬리를 잘라 버림. ☐

8) 개나 말 정도의 하찮은 힘이라는 뜻으로, 윗사람에게 충성을 다하는 자신의 노력을 낮추어 이르는 말. ☐

보기	거두절미 건곤일척 격물치지 견원지간
	격세지감 견마지로 견물생심 결자해지

7

어휘 탐구

빈 칸에 알맞은 말을 쓰시오.

1) 할아버지가 [ㄱ|무|ㄹ] 로 밭의 흙을 고르게 하신다.
   - 곡식을 그러모으고 펴거나, 밭의 흙을 고르거나 아궁이의 재를 긁어모으는 데에 쓰는 '' 자 모양의 기구.

2) 그 수업을 들으려면 [ㅂ|경|ㅈ|식] 이 필요하다.
   - 어떤 일을 하거나 연구할 때, 이미 머릿속에 들어 있거나 기본적으로 필요한 지식.

3) 그것은 상상을 [|월] 했다.
   - 어떠한 한계나 표준을 뛰어넘음.

4) 별 [가|흥] 이 없다.
   - 마음속 깊이 감동받아 일어나는 흥취.

5) 바로 그것이 [ㅁ|력] 이었군!
   - 사람의 마음을 사로잡아 끄는 힘.

6) 그렇게 [소|며] 해갔다.
   - 사라져 없어짐.

7) 그 방화사건으로 [ㅅ|실] 되었다.
   - 불에 타서 사라짐. 또는 그렇게 잃음.

8) 격려는 내 삶의 [원|도|] 이었다.
   - 어떤 움직임의 근본이 되는 힘.

9) 그의 [사|ㄱ|식] 을 이해할 수가 없구나!
   - 어떤 문제에 대하여 생각하고 궁리하는 방법이나 태도.

10) [골| |ㅎ] 생각에 잠긴 모습이었다.
   - 한 가지 일에 온 정신을 쏟아 딴생각이 없이.

11) 서로를 무척 [겨|제] 하고 있었다.
   - 일정한 작용을 가함으로써 상대편이 지나치게 세력을 펴거나 자유롭게 행동하지 못하게 억누름.

12) 그 시에 대한 그의 [해|서] 은 난해했다.
   - 문장이나 사물 따위로 표현된 내용을 이해하고 설명함. 또는 그 내용.

단위

빈 칸에 알맞은 말을 쓰시오.

1) 쇠고기 한 [그] 주세요.
- 무게의 단위. 한 근은 고기나 한약재의 무게를 잴 때는 600그램에 해당한다.

2) 그것은 동전 한 [니] 이었다.
- 납작한 물건을 세는 단위. 흔히 돈, 가마니, 멍석 따위를 셀 때 쓴다.

3) 김 한 [토] 을 선물로 받았다.
- 김을 묶어 세는 단위. 한 톳은 김 100장을 이른다.

4) 고등어 한 [소] 을 냉장고에 넣어두었다.
- 한 손에 잡을 만한 분량을 세는 단위. 조기, 고등어, 배추 따위 한 손은 큰 것 하나와 작은 것 하나를 합한 것을 이른다.

5) 오징어 한 [ㅊ] 을 배송했다.
- 오징어를 묶어 세는 단위. 한 축은 오징어 스무 마리를 이른다.

6) 밤 한 [토] 이 땅에 떨어졌다.
- 밤이나 곡식의 낱알을 세는 단위.

7) 그 그림 한 [저] 을 밖에다 내놓아라.
- 그림, 옷 따위를 세는 단위.

8) 팥 한 [ ] 가 필요했다.
- 곡식, 가루, 액체 따위를 담아 분량을 헤아리는 데 쓰는 그릇.

9) 논 두 [ㅁ][지][ㄱ] 가 다 그의 것이었다.
- 논밭 넓이의 단위. 한 마지기는 볍씨 한 말의 모 또는 씨앗을 심을 만한 넓이로, 지방마다 다르나 논은 약 150~300평, 밭은 약 100평 정도이다.

10) 대파 한 [다] 사오너라.
- 짚, 땔나무, 채소 따위의 묶음을 세는 단위.

11) 정확히 달걀 두 [꾸][ㄹ][ㅁ] 였다.
- 달걀 열 개를 묶어 세는 단위.

12) 정장 두 [벼] 을 선물로 받았다.
- 옷을 세는 단위.

어휘 수업 제2회

관용구 ··

ㄴ

▸ 나 몰라라 하다	어떤 일에 무관심한 태도로 상관하지도 아니하고 간섭하지도 아니하다.
▸ 나사가 빠지다	정신이 없다.
▸ 나 죽었소 하다	있어도 없는 듯이 처신하다. 예) 나 죽었소 하면서 참아야지.
▸ 낙동강 오리알	무리에서 떨어져 나오거나 홀로 처량하게 된 신세를 비유적으로 이르는 말.
▸ 낚시를 던지다	남을 꾀어내기 위한 수단을 쓰다.
▸ 날이 새다	일을 이룰 시기가 이미 지나 가망이 없다.
▸ 날개가 돋치다	상품이 시세를 만나 빠른 속도로 팔려 나가다.
▸ 날로 먹다	힘을 들이지 아니하고 일을 해내거나 어떤 것을 차지하는 것을 낮잡아 이르는 말.
▸ 낮과 밤이 따로 없다	쉬지 아니하고 계속하다. 예) 낮과 밤이 따로 없이 일만 했다.
▸ 넋을 놓다	제정신을 잃고 멍한 상태가 되다. 예) 잠시 넋을 놓고 하늘을 보았다.
▸ 노루 잠자듯	깊이 잠들지 못하고 여러 번 깨어남을 비유적으로 이르는 말.
▸ 놀란 가슴	전에 놀란 적이 있어 별것 아닌 일에도 일어나는 두근거림.

소외(疏外):어떤 무리에서 기피하여 따돌리거나 멀리함.

시세(時勢):그당시의 형세나 세상의 형편.

고유어 ··

ㄴ

▸ 나누어떨어짐	나눗셈에서, 몫이 정수로만 되고 나머지가 없게 되는 일.
▸ 나들이하다	집을 떠나 가까운 곳에 잠시 다녀오다.
▸ 나무거울	겉모양은 그럴듯하나 실제로는 쓸모 없는 사람이나 물건을 비유적으로 이르는 말.
▸ 나스르르하다	가늘고 보드라운 털이나 풀 따위가 짧고 성기게 나 있다.
▸ 난데없이	갑자기 불쑥 나타나 어디서 왔는지 알 수 없게.
▸ 날갯죽지	날개가 몸에 붙어 있는 부분.
▸ 남상거리다	좀 얄밉게 자꾸 넘어다보다.
▸ 낯모르다	누구인 줄 모르다.
▸ 너그러이	마음이 넓고 아량이 있게.
▸ 너무하다	비위에 거슬리는 말이나 행동을 도에 지나치게 하다.
▸ 너비아니	얄팍하게 저며 갖은양념을 하여 구운 쇠고기.
▸ 넋두리	불만을 길게 늘어놓으며 하소연하는 말.
▸ 노루걸음	노루가 걷는 것처럼 경중경중 걷는 걸음.

성기다:물건의 사이가 뜨다.

갖은:골고루 다 갖춘. 또는 여러 가지의.

속담

ㄴ

▶ 나간 놈의 집구석이라 집 안이 어수선하고 정리가 안 되어 있음을 비유적으로 이르는 말.

▶ 나이는 못 속인다 나이를 아무리 속이려고 해도 행동의 이모저모에서 그 티가 반드시 드러나고야 맒을 비유적으로 이르는 말.

▶ 낙숫물이 댓돌을 뚫는다 작은 힘이라도 꾸준히 계속하면 큰일을 이룰 수 있음을 비유적으로 이르는 말.

▶ 낫 놓고 기역 자도 모른다 기역 자 모양으로 생긴 낫을 보면서도 기역 자를 모른다는 뜻으로, 아주 무식함을 비유적으로 이르는 말.

▶ 낮말은 새가 듣고 밤말은 쥐가 듣는다 아무도 안 듣는 데서라도 말조심해야 한다는 말.

▶ 내리사랑은 있어도 치사랑은 없다 윗사람이 아랫사람을 사랑하기는 하여도 아랫사람이 윗사람을 사랑하기는 좀처럼 어렵다는 말.

▶ 냉수 먹고 속 차려라 지각 있게 처신하지 못하는 사람에게 정신을 차리라고 비난조로 이르는 말.

▶ 냉수 먹고 이 쑤시기 잘 먹은 체하며 이를 쑤신다는 뜻으로, 실속은 없으면서 무엇이 있는 체함을 이르는 말.

지각(知覺):알아서 깨달음. 또는 그런 능력.

한자성어

ㄴ

▶ 낙화유수(落花流水) 떨어지는 꽃과 흐르는 물이라는 뜻으로, 가는 봄의 경치를 이르는 말.

▶ 난공불락(難攻不落) 공격하기가 어려워 쉽사리 함락되지 아니함.

▶ 난형난제(難兄難弟) 누구를 형이라 하고 누구를 아우라 하기 어렵다는 뜻으로, 두 사물이 비슷하여 낫고 못함을 정하기 어려움을 이르는 말.

▶ 남가일몽(南柯一夢) 꿈과 같이 헛된 한때의 부귀영화를 이르는 말.

▶ 남녀유별(男女有別) 유교 사상에서, 남자와 여자 사이에 분별이 있어야 함을 이르는 말.

▶ 남부여대(男負女戴) 남자는 지고 여자는 인다는 뜻으로, 가난한 사람들이 살 곳을 찾아 이리저리 떠돌아다님을 비유적으로 이르는 말.

▶ 낭중지추(囊中之錐) 주머니 속의 송곳이라는 뜻으로, 재능이 뛰어난 사람은 숨어 있어도 저절로 사람들에게 알려짐을 이르는 말.

▶ 노발대발(怒發大發) 몹시 노하여 펄펄 뛰며 성을 냄.

▶ 누란지세(累卵之勢) 층층이 쌓아 놓은 알의 형세라는 뜻으로, 몹시 위태로운 형세를 비유적으로 이르는 말.

▶ 눌언민행(訥言敏行) 말은 느려도 실제 행동은 재빠르고 능란함.

▶ 능소능대(能小能大) 모든 일에 두루 능함.

함락(陷落):①땅이 무너져 내려앉음. ②적의 성, 요새, 진지 따위를 공격하여 무너뜨림.

문제로 실력 쌓기

관용구

빈 칸에 알맞은 낱말을 쓰시오.

1) 나이 새다.
   - 일을 이룰 시기가 이미 지나 가망이 없다.

2) 나사를 죄다.
   - 해이해진 마음을 가다듬고 정신을 다잡다.

3) 낮과 바이 따로 없다.
   - 쉬지 아니하고 계속하다.

4) 난다 기다 하다.
   - 재주나 능력이 남보다 뛰어나다.

5) 노라 가슴
   - 전에 놀란 적이 있어 별것 아닌 일에도 일어나는 두근거림.

고유어

밑줄 친 낱말의 알맞은 뜻을 찾아 번호를 쓰시오.

1) 낯모르는 사람이 말을 걸자 순간 당황했다. (　　　)

2) 나는 고기 중에 너비아니를 가장 좋아한다. (　　　)

3) 난데없이 공이 날아와 놀랐다. (　　　)

4) 부디 너그러이 용서해주십시오. (　　　)

5) 주말에는 근교로 나들이를 다녀왔다. (　　　)

6) 오늘도 진호는 친구들 앞에서 너스레를 떨고 있다. (　　　)

7) 이삿짐 나르는 일을 도왔더니 그만 녹초가 되고 말았다. (　　　)

---

① 누구인 줄 모르다.
② 맥이 풀려져 힘을 못 쓰는 상태.
③ 수다스럽게 떠벌려 늘어놓는 말이나 짓.
④ 마음이 넓고 아량이 있게.
⑤ 집을 떠나 가까운 곳에 잠시 다녀오는 일.
⑥ 갑자기 불쑥 나타나 어디서 왔는지 알 수 없게.
⑦ 얄팍하게 저며 갖은 양념을 하여 구운 쇠고기.

속담

속담의 뜻을 찾아 연결하시오.

1) 나이는 못 속인다 ●

2) 낫 놓고 기역 자도 모른다 ●

3) 냉수 먹고 속 차려라 ●

4) 나간 놈의 집구석이라 ●

5) 냉수 먹고 이 쑤시기 ●

6) 남의 자식 흉보지 말고 내 자식 가르쳐라 ●

● ㉠ 지각 있게 처신하지 못하는 사람에게 정신을 차리라고 비난조로 이르는 말.

● ㉡ 집 안이 어수선하고 정리가 안 되어 있음을 비유적으로 이르는 말.

● ㉢ 기역 자 모양으로 생긴 낫을 보면서도 기역 자를 모른다는 뜻으로, 아주 무식함을 비유적으로 이르는 말.

● ㉣ 남을 흉보기 전에 그것을 거울삼아 먼저 제 잘못을 뉘우치고 고치라는 말.

● ㉤ 잘 먹은 체하며 이를 쑤신다는 뜻으로, 실속은 없으면서 무엇이 있는 체함을 이르는 말.

● ㉥ 나이를 아무리 속이려고 해도 행동의 이모저모에서 그 티가 반드시 드러나고야 맒을 비유적으로 이르는 말.

한자성어

보기를 보고 빈칸에 알맞은 말을 쓰시오.

1) 공격하기가 어려워 쉽사리 함락되지 아니함. ▢

2) 꿈과 같이 헛된 한때의 부귀영화를 이르는 말. ▢

3) 유교 사상에서, 남자와 여자 사이에 분별이 있어야 함을 이르는 말. ▢

4) 몹시 노하여 펄펄 뛰며 성을 냄. ▢

5) 늙었지만 의욕이나 기력은 점점 좋아짐. 또는 그런 상태. ▢

6) 연두저고리와 다홍치마. ▢

7) 말은 느려도 실제 행동은 재빠르고 능란함. ▢

8) 떨어지는 꽃과 흐르는 물이라는 뜻으로, 가는 봄의 경치를 이르는 말. ▢

보기   녹의홍상   난공불락   남가일몽   남녀유별
       노발대발   눌언민행   낙화유수   노익장

어휘 탐구 ....

1. 빈칸에 알맞은 낱말을 쓰시오.

1) [ㅂ][ㄱ][세] 별도입니다.
   • 국세의 하나. 거래 단계별로 상품이나 용역에 새로 부가하는 가치이다.

2) 지름길을 알고 나니 훨씬 [ㅅ][월]하다.
   • 까다롭거나 힘들지 않아 하기가 쉽다.

3) [수][ ][이] 불명 상태입니다.
   • 서류나 물건을 받는 사람.

4) 그건 [ ][고]된 사실이에요.
   • 사실과 다르게 해석하거나 그릇되게 함.

5) 그 [저][ ]이 앞으로도 많은 도움이 될 거에요.
   • 정치적 목적을 실현하기 위한 방책.

6) [추][로] 해서 풀어야 하는 문제입니다.
   ① 미루어 생각하여 논함. ② 어떠한 판단을 근거로 삼아 다른 판단을 이끌어 냄.

7) 글의 [개][ㅇ]를 먼저 작성하렴.
   • 간결하게 추려 낸 주요 내용.

8) [과][ㅁ]한 성격이라서 그래요.
   • 말이 적고 침착하다.

9) [정][ ][서]이 흔들리고 있었다.
   • 변하지 아니하는 존재의 본질을 깨닫는 성질. 또는 그 성질을 가진 독립적 존재.

10) [고][ㅇ][ ]를 많이 공부하고 싶어요.
   • 해당 언어에 본디부터 있던 말이나 그것에 기초하여 새로 만들어진 말.

11) [매][리][ㅈ]는 여기서 멀지 않아요.
   • 낮은 땅을 돌이나 흙 따위로 메워 돋운 땅.

12) 이미 [멸][조]된 지 오래되었어요.
   • 생물의 한 종류가 아주 없어짐. 또는 생물의 한 종류를 아주 없애 버림.

2. 다음 중 맞는 것에 동그라미하고 뜻풀이의 빈칸에 알맞은 말을 쓰시오.

1) 오늘 출석한 사람은 (통틀어 / 통털어) 인호와 희준 둘뿐이다.

• 있는 대로 모두 | 하 | 하여.

2) (귀뜸 / 귀띔)이라도 해주지 그랬어.

• 상대편이 | 누 | 치 | 로 알아차릴 수 있도록 미리 슬그머니 일깨워 줌.

3) (갈치 / 칼치)는 매우 신선했다.

• 갈칫과의 바닷 | 물 | | ㄱ | .

4) (요새 / 요세) 살이 빠진 것 같다.

• '요사이(이제까지의 매우 짧은 동안)'의 | | 말 | .

5) (김치찌개 / 김치찌게)가 맛있다.

• | 기 | 치 | 를 넣고 끓인 찌개.

6) 오늘 점심으로 (육개장 / 육계장)을 먹었다.

• | 쇠 | ㄱ | 기 | 를 삶아서 알맞게 뜯어 넣고, 얼큰하게 갖은 양념을 하여 끓인 국.

7) 그릇이 (납작하다 / 납짝하다).

• 판판하고 얇으면서 좀 | | 다 | .

8) 우리 (예기 / 얘기) 좀 해.

• 이야기의 | | 말 | .

9) 너에게 딱 (안성마춤 / 안성맞춤)이다.

• 요구하거나 생각한 대로 | | 되 | 물건을 비유적으로 이르는 말.

10) 그의 외모는 (애띠다 / 앳되다).

• 애티가 있어 | 어 | ㄹ | 보이다.

어휘 수업 제3회

관용구

ㄷ

▶ 다리를 놓다   일이 잘되게 하기 위하여 둘 또는 여럿을 연결하다.

▶ 달고 쓴 맛을 보다   생활의 좋은 일, 나쁜 일, 즐거운 일, 괴로운 일을 다 겪다.

▶ 달밤에 체조하다   격에 맞지 않은 짓을 함을 핀잔하는 말.

▶ 닭똥 같은 눈물   몹시 방울이 굵은 눈물을 비유적으로 이르는 말.

▶ 닳고 닳다   세상일에 시달려 약아빠지다. 예) 그는 정말 닳고 닳은 사람이었다.

▶ 닻을 올리다   어떤 일을 시작하거나 시작하려 하다.

▶ 덜미를 잡히다   못된 일 따위를 꾸미다가 발각되다. 예) 그녀가 갑자기 나타나는 바람에 결국 덜미를 잡혔다.

▶ 덴 가슴   어떤 일에 한번 몹시 혼난 일이 있는 사람이 걸핏하면 병적으로 가슴을 두근 거리며 겁냄을 비유적으로 이르는 말.

▶ 도마 위에 오르다   어떤 사물이 비판의 대상이 되다. 예) 정인은 그 실수를 하는 바람에 도마 위에 올랐다.

▶ 독 안에 든 쥐   궁지에서 벗어날 수 없는 처지를 비유적으로 이르는 말.

▶ 돼지 멱따는 소리   아주 듣기 싫도록 꽥꽥 지르는 소리. 예) 주사를 맞는 동안 돼지 멱따는 소리를 내더군.

> **핀잔**:맞대어 놓고 언짢게 꾸짖거나 비꼬아 꾸짖는 일.

> **발각(發覺)**:숨기던 것이 드러남.

고유어

ㄷ

▶ 다잡이하다   늦추어진 것을 바짝 잡아 죄다.

▶ 닦달   ① 남을 단단히 윽박질러서 혼을 냄. ② 물건을 손질하고 매만짐.

▶ 달랑거리다   ① 작은 방울이나 매달린 물체 따위가 자꾸 흔들리다. ② 작은 방울이나 매달린 물체 따위가 흔들리는 소리가 자꾸 나다.

▶ 달무리   달 언저리에 둥그렇게 생기는 구름 같은 허연 테.

▶ 달음박질   급히 뛰어 달려감. 예) 그녀는 달음박질을 하는 동안 가방을 가져오지 않은 것을 알아챘다.

▶ 더펄이   ① 성미가 침착하지 못하고 덜렁대는 사람. ② 성미가 스스럼이 없고 붙임성이 있어 꽁하지 않은 사람.

▶ 된서리   ① 늦가을에 아주 되게 내리는 서리. ② 모진 재앙이나 타격을 비유적으로 이르는 말. 예) 된서리가 내려 농사를 망치고 말았다.

▶ 뒷북   어떤 일이 끝난 후 뒤늦게 쓸데없이 수선을 피우는 일.

▶ 뜻있다   ① 일 따위를 하고 싶은 생각이 있다. ② 겉으로 드러나지 않은 사정이나 실상이 있다. ③ 가치나 보람이 있다. 예) 뜻 있는 사람들이 모여 후원했다.

▶ 띄엄띄엄   ① 붙어 있거나 가까이 있지 않고 조금 떨어져 있는 모양. ② 거듭되는 간격이 짧지 않고 긴 모양. ③ 느릿느릿한 모양.

> **윽박지르다**:심하게 짓눌러 기를 꺾다.

> **수선**:사람의 정신을 어지럽게 만드는 부산한 말이나 행동.

16

속담

ㄷ

▶ 다람쥐 쳇바퀴 돌듯　앞으로 나아가거나 발전하지 못하고 제자리걸음만 함을 비유적으로 이르는 말.

▶ 다 쑤어 놓은 죽　잘 되었든 못 되었든 이미 끝나서 더 이상 어쩔 수 없게 된 것을 비유적으로 이르는 말.

▶ 달걀로 바위 치기　대항해도 도저히 이길 수 없는 경우를 비유적으로 이르는 말.

▶ 달도 차면 기운다　세상의 온갖 것이 한번 번성하면 다시 쇠하기 마련이라는 말.

▶ 닭 소 보듯,
　소 닭 보듯　서로 아무런 관심도 두지 않고 있는 사이임을 비유적으로 이르는 말.

▶ 닭 잡아먹고
　오리 발 내놓기　옳지 못한 일을 저질러 놓고 엉뚱한 수작으로 속여 넘기려 하는 일을 비유적으로 이르는 말.

▶ 도토리 키 재기　정도가 고만고만한 사람끼리 서로 다툼을 이르는 말.

▶ 동에 번쩍
　서에 번쩍　정처가 없고 종적을 걷잡을 수 없을 만큼 왔다 갔다 함을 이르는 말.

▶ 뒤웅박 팔자　입구가 좁은 뒤웅박 속에 갇힌 팔자라는 뜻으로, 일단 신세를 망치면 거기서 헤어 나오기가 어려움을 비유적으로 이르는 말.

한자성어

ㄷ

▶ 다기망양(多岐亡羊)　갈림길이 많아 잃어버린 양을 찾지 못한다는 뜻으로, 두루 섭렵하기만 하고 전공하는 바가 없어 끝내 성취하지 못함을 이르는 말.

▶ 다다익선(多多益善)　많으면 많을수록 더욱 좋음.

▶ 다사다난(多事多難)　여러 가지 일도 많고 어려움이나 탈도 많음.

▶ 다재다능(多才多能)　재주와 능력이 여러 가지로 많음.

▶ 단순호치(丹脣皓齒)　붉은 입술과 하얀 치아라는 뜻으로, 아름다운 여자를 이르는 말.

▶ 대동소이(大同小異)　큰 차이 없이 거의 같음.

▶ 대서특필(大書特筆)　특별히 두드러지게 보이도록 글자를 크게 쓴다는 뜻으로, 신문 따위의 출판물에서 어떤 기사에 큰 비중을 두어 다룸을 이르는 말.

▶ 대의명분(大義名分)　사람으로서 마땅히 지키고 행하여야 할 도리나 본분.

▶ 독불장군(獨不將軍)　무슨 일이든 자기 생각대로 혼자서 처리하는 사람.

▶ 독서망양(讀書亡羊)　글을 읽는 데 정신이 팔려서 먹이고 있던 양을 잃었다는 뜻으로, 하는 일에는 뜻이 없고 다른 생각만 하다가 낭패를 봄을 이르는 말.

▶ 독서삼매(讀書三昧)　다른 생각은 전혀 아니 하고 오직 책 읽기에만 골몰하는 경지.

관용구

빈 칸에 알맞은 낱말을 쓰시오.

1) 달고 쓰 맛을 보다.
   - 생활의 좋은 일, 나쁜 일, 즐거운 일, 괴로운 일을 다 겪다.

2) 다 을 올리다.
   - 어떤 일을 시작하거나 시작하려 하다.

3) 다 를 놓다.
   - 일이 잘되게 하기 위하여 둘 또는 여럿을 연결하다.

4) 덜 ㅁ 를 잡히다.
   - 못된 일 따위를 꾸미다가 발각되다.

5) 달밤에 체 ㅈ 하다.
   - 격에 맞지 않은 짓을 함을 핀잔하는 말.

고유어

밑줄 친 낱말의 알맞은 뜻을 찾아 번호를 쓰시오.

1) 호되게 된서리를 맞았다. (   )
2) 희진이는 정신없이 달음박질하다 넘어졌다.(   )
3) 그렇게 닦달 좀 하지 마라. (   )
4) 뒷북 치는 습관은 여전하구나. (   )
5) 요즘은 동아리 활동이 참 즐겁다. (   )
6) 드디어 그녀의 만행이 들통났다. (   )
7) 데면데면한 태도가 참 마음에 들지 않아. (   )

① 남을 단단히 옥박질러서 혼을 냄.
② 사람을 대하는 태도가 친밀감이 없이 예사로운 모양.
③ 비밀이나 잘못된 일 따위가 드러난 판국.
④ 같은 뜻을 가지고 모여서 한패를 이룬 무리.
⑤ 모진 재앙이나 타격을 비유적으로 이르는 말.
⑥ 급히 뛰어 달려감.
⑦ 어떤 일이 끝난 후 뒤늦게 쓸데없이 수선을 피우는 일.

속담

속담의 뜻을 찾아 연결하시오.

1) 다람쥐 쳇바퀴 돌듯. ●

2) 달도 차면 기운다. ●

3) 닭의 갈비 먹을 것 없다. ●

4) 닭 잡아먹고 오리 발 내놓기. ●

5) 되로 주고 말로 받는다. ●

6) 뚝배기보다 장맛이 좋다. ●

● ㉠ 형식만 있고 내용이 보잘것없음을 비유적으로 이르는 말.

● ㉡ 조금 주고 그 대가로 몇 곱절이나 많이 받는 경우를 비유적으로 이르는 말.

● ㉢ 세상의 온갖 것이 한번 번성하면 다시 쇠하기 마련이라는 말.

● ㉣ 앞으로 나아가거나 발전하지 못하고 제자리걸음만 함을 비유적으로 이르는 말.

● ㉤ 겉모양은 보잘것없으나 내용은 훨씬 훌륭함을 이르는 말.

● ㉥ 옳지 못한 일을 저질러 놓고 엉뚱한 수작으로 속여 넘기려 하는 일을 비유적으로 이르는 말.

한자성어

보기를 보고 빈칸에 알맞은 말을 쓰시오.

1) 많으면 많을수록 더욱 좋음. ☐

2) 여러 가지 일도 많고 어려움이나 탈도 많음. ☐

3) 보고 들은 것이 많고 아는 것이 많음. ☐

4) 큰 차이 없이 거의 같음. ☐

5) 큰 소리로 몹시 슬프게 곡을 함. ☐

6) 붉은 입술과 하얀 치아라는 뜻으로, 아름다운 여자를 이르는 말. ☐

7) 사람으로서 마땅히 지키고 행하여야 할 도리나 본분. ☐

8) 글을 읽는 데 정신이 팔려서 먹이고 있던 양을 잃었다는 뜻으로, 하는 일에는 뜻이 없고 다른 생각만 하다가 낭패를 봄을 이르는 말. ☐

보기
다사다난 대동소이 독서망양 다문박식
다다익선 대성통곡 단순호치 대의명분

어휘 탐구

빈 칸에 알맞은 말을 쓰시오.

1) | 폐 | 물 | 배출에도 도움이 됩니다.
 • 생체 내에서 생성된 대사산물 중 생체에서 필요 없는 것.

2) 그의 | 시 | 나 | 리 | 오 | 가 드디어 완성이 되었다.
 • 영화를 만들기 위하여 쓴 각본

3) 민희는 | 소 | 외 | 감 | 을 몹시 느끼고 있었다.
 • 남에게 따돌림을 당하여 멀어진 듯한 느낌.

4) 몹시 | 을 | 씨 | 년 | 스러웠다.
 • 보기에 날씨나 분위기 따위가 몹시 스산하고 쓸쓸한 데가 있다.

5) 그 | 시 | 조 | 를 읊어보렴,
 • 고려 말기부터 발달하여 온 우리나라 고유의 정형시.

6) 그 | 비 | 유 | 는 매우 적절했다.
 • 어떤 현상이나 사물을 직접 설명하지 아니하고 다른 비슷한 현상이나 사물에 빗대어서 설명하는 일.

7) 뭘 그렇게 | 주 | 저 | 리 | 주 | 저 | 리 | 떠들고 있니?
 • 너저분한 물건이 어지럽게 많이 매달려 있는 모양.

8) 신속하게 | 대 | 응 | 해야 한다.
 • 어떤 일이나 사태에 맞추어 태도나 행동을 취함.

9) 그 꼬마는 | 자 | 마 | 스러운 면이 있었다.
 ① 보기에 몹시 약하고 가냘픈 데가 있다. ② 얄밉도록 맹랑한 데가 있다.

10) | 혼 | 비 | 백 | 산 | 하고 도망쳤다.
 • 혼백이 어지러이 흩어진다는 뜻으로, 몹시 놀라 넋을 잃음을 이르는 말.

11) 과연 | 시 | 효 | 성 | 이 있는지 의문이다.
 • 실제로 효과를 나타내는 성질.

12) | 형 | 형 | 색 | 색 | 빛나고 있었다.
 • 형상과 빛깔 따위가 서로 다른 여러 가지.

20

13) 어쩐지 조금 ☐☐ 스럽다.
- 보기에 겉으로는 어리석어 보이나 속으로는 엉큼한 데가 있다.

14) ☐☐ 가 굳은 선비.
- 원칙과 신념을 굽히지 아니하고 끝까지 지켜 나가는 꿋꿋한 의지. 또는 그런 기개.

15) ☐☐ 자료를 확인하세요.
- 어떤 현상을 종합적으로 한눈에 알아보기 쉽게 일정한 체계에 따라 숫자로 나타냄. 또는 그런 것.

'-히'와 '-이'

1. 다음 중 맞은 것에 동그라미 하세요.

1) 꿋꿋이   꿋꿋히
·사람의 기개, 의지, 태도나 마음가짐 따위가 매우 굳센 태도로.

2) 또렷이   또렷히
·엉클어지거나 흐리지 않고 분명하게.

3) 골똘이   골똘히
·한 가지 일에 온 정신을 쏟아 딴생각이 없이.

4) 너그러이   너그러히
·마음이 넓고 아량이 있게.

5) 솔직이   솔직히
·거짓이나 숨김이 없이 바르고 곧게.

6) 단정히   단정이
·옷차림새나 몸가짐 따위가 얌전하고 바르게.

7) 외로이   외로히
·홀로 되거나 의지할 곳이 없어 쓸쓸하게.

8) 겹겹이   겹겹히
·여러 겹으로.

9) 일찍이   일찍히
·일정한 시간보다 이르게.

10) 끔찍히   끔찍이
·진저리가 날 정도로 참혹하게.

11) 더욱이   더욱히
·그러한 데다가 더.

12) 촉촉히   촉촉이
·물기가 있어 조금 젖은 듯이.

13) 즐거이   즐거히
·마음에 거슬림이 없이 흐뭇하고 기쁘게.

14) 깨끗이   깨끗히
·사물이 더럽지 않게.

15) 길쭉이   길쭉히
·조금 길게.

16) 틈틈이   틈틈히
·겨를이 있을 때마다.

16) 빠듯이   빠듯히
·어떤 정도에 겨우 미칠 만하게.

16) 날카로이   날카로히
·끝이 뾰족하거나 날이 서 있게.

어휘 수업 제4회

관용구

🔲

▸ 마른벼락을 맞다	갑자기 뜻밖의 재난을 당하다. 예) <u>마른벼락을 맞고</u> 정신이 없다.	**재난**(災難):뜻밖에 일어난 재앙과 고난.
▸ 마른침을 삼키다	몹시 긴장하거나 초조해하다. 예) 주호는 고개를 숙이고 <u>마른침을 삼켰다</u>.	
▸ 마음을 붙이다	어떤 것에 마음을 자리 잡게 하거나 전념하다. 예) 그는 이제 일에 <u>마음을 붙였다</u>.	
▸ 마음에 두다	잊지 아니하고 마음속에 새겨 두다. 예) 혹시 <u>마음에 둔</u> 것이라도 있니?	
▸ 마음을 썩이다	몹시 괴로워하다. 예) 그 소식을 듣고 몹시도 <u>마음을 썩였다</u>.	
▸ 마음이 통하다	서로 생각이 같아 이해가 잘되다. 예) 서로의 <u>마음이 통해</u> 일이 술술 풀렸다.	
▸ 막다른 골목	더는 어떻게 할 수 없는 절박한 경우를 비유적으로 이르는 말. 예) <u>막다른 골목</u>이라 다른 방법이 없다.	
▸ 말을 떼다	말을 하기 시작하다. 예) 차를 마시던 그가 <u>말을 뗐다</u>.	
▸ 말뚝을 박다	어떤 지위에 오랫동안 머무르다. 예) 그럼 그곳에 <u>말뚝을 박기</u>로 한 거니?	
▸ 말문이 막히다	말이 입 밖으로 나오지 않게 되다. 예) 뜻밖의 질문에 <u>말문이 막혔다</u>.	
▸ 말이 무겁다	함부로 경솔하게 말하지 아니하고 신중하다. 예) 그는 <u>말이 무거워서</u> 신뢰를 받았다.	**경솔**(輕率):말이나 행동이 조심성 없이 가벼움.

고유어

🔲

▸ 마나님	나이가 많은 부인을 높여 이르는 말. 예) 그녀는 부잣집 <u>마나님</u>이다.	
▸ 마누라	중년이 넘은 아내를 허물없이 이르는 말. 예) 우리 <u>마누라</u>가 건강해졌다.	
▸ 마른침	애가 타거나 긴장하였을 때 입 안이 말라 무의식중에 삼키는 아주 적은 양의 침.	
▸ 맏딸	둘 이상의 딸 가운데 맏이가 되는 딸을 이르는 말. 예) <u>맏딸</u>인 미나는 책임감이 강했다.	
▸ 맑스그레하다	조금 맑은 듯하다. 예) 시냇물이 <u>맑스그레</u>하다.	
▸ 망설이다	이리저리 생각만 하고 태도를 결정하지 못하다. 예) 한참을 <u>망설이던</u> 경석이 말했다.	
▸ 머리싸움	머리를 써서 겨루거나 싸우는 일. 예) 이제 <u>머리싸움</u>하기도 지친다.	
▸ 먹글씨	붓이나 펜에 먹물을 묻혀 쓴 글씨. 예) 화선지에 쓴 <u>먹글씨</u>가 멋스럽다.	
▸ 먹잇감	짐승이나 물고기 따위의 먹이가 되는 것. 예) 그저 좋은 <u>먹잇감</u>에 지나지 않았다.	
▸ 모닥불	잎나무나 검불 따위를 모아 놓고 피우는 불. 예) 아이들은 <u>모닥불</u> 주변에 앉아 있었다.	**검불**:가느다란 마른 나뭇가지, 마른 풀, 낙엽 따위를 통틀어 이르는 말.
▸ 모래찜질	더운 모래를 이용하는 찜질. 몸에 열이 나게 하고 땀을 흘리게 하며 피부에 자극을 주어 단련하는 효과가 있다. 예) <u>모래찜질을 하면 몸이 개운해졌다.</u>	
▸ 몸가짐	몸의 움직임. 또는 몸을 거두는 일. 예) <u>몸가짐</u>을 조심하세요.	

속담

🔲

▶ 마른나무에 꽃이 피랴 기대할 것이 없는 것에 희망을 걸고 있을 필요는 없음을 비유적으로 이르는 말.

▶ 막대 잃은 장님 의지할 곳을 잃고 꼼짝 못하게 된 처지를 이르는 말.

▶ 말 많은 집은 장맛도 집안에 잔말이 많으면 살림이 잘 안된다는 말.
   쓰다

▶ 말은 해야 맛이고 마땅히 할 말은 해야 한다는 말.
   고기는 씹어야 맛이다

▶ 말이 씨가 된다 늘 말하던 것이 마침내 사실대로 되었을 때를 이르는 말. 예) 말 조심해. 말이 씨가
   된다고 하잖아.

▶ 말 죽은 데 체 쳇불로 쓸 말총을 구하기 위하여 말이 죽은 집에 체 장수가 모인다는 뜻으로, 남
   장수 모이듯 의 불행은 아랑곳없이 제 이익만 채우려고 많은 사람이 모여드는 것을 이르는 말.

▶ 매도 먼저 맞는 이왕 겪어야 할 일이라면 아무리 어렵고 괴롭더라도 먼저 치르는 편이 낫다
   놈이 낫다 는 말. 예) 매도 먼저 맞는 놈이 낫다고 하잖아. 미루지 말고 당장 하는 것이 좋아.

▶ 모기도 낯짝이 있지 염치없고 뻔뻔스러움을 이르는 말. 예) 모기도 낯짝이 있지 무슨 염치로 이곳에 오니?

▶ 모난 돌이 정 맞는다 두각을 나타내는 사람이 남에게 미움을 받게 된다는 말. 예) 모난 돌이 정 맞는다더
   니 딱 너를 두고 하는 말이야.

잔말: 쓸데없이 자질구레하게 늘어놓는 말.

한자성어

🔲

▶ 마이동풍(馬耳東風) 동풍이 말의 귀를 스쳐 간다는 뜻으로, 남의 말을 귀담아듣지 아니하고 지나
   쳐 흘려버림을 이르는 말.

▶ 막무가내(莫無可奈) 달리 어찌할 수 없음.

▶ 막상막하(莫上莫下) 더 낫고 더 못함의 차이가 거의 없음.

▶ 막역지간(莫逆之間) 서로 거스르지 않는 사이라는 뜻으로, 허물이 없는 아주 친한 사이를 이르는 말.

▶ 만고불변(萬古不變) 아주 오랜 세월 동안 변하지 아니함.

▶ 만고천추 (萬古千秋) 오래고 영원한 세월.

▶ 만병통치(萬病通治) 한 가지 처방으로 온갖 병을 다 고침.

▶ 만사형통(萬事亨通) 모든 것이 뜻대로 잘됨.

▶ 망연자실(茫然自失) 멍하니 정신을 잃음.

▶ 망운지정(望雲之情) 자식이 객지에서 고향에 계신 어버이를 생각하는 마음.

▶ 면목부지(面目不知) 서로 얼굴을 전혀 모름.

▶ 면종복배(面從腹背) 겉으로는 복종하는 체하면서 내심으로는 배반함.

처방 (處方): 병을 치료하기 위하여 증상에 따라 약을 짓는 방법.

관용구

빈 칸에 알맞은 낱말을 쓰시오.

1) | 마 | 으 | 을 썩이다.
  • 몹시 괴로워하다.

2) | 마 | | 벼락을 맞다.
  • 갑자기 뜻밖의 재난을 당하다.

3) 말을 | 뜨 | 다 | .
  • 말을 하기 시작하다.

4) | 마 | | 이 막히다.
  • 말이 입 밖으로 나오지 않게 되다.

5) | 마 | 다 | 골목
  • 더는 어떻게 할 수 없는 절박한 경우를 비유적으로 이르는 말.

고유어

밑줄 친 낱말의 알맞은 뜻을 찾아 번호를 쓰시오.

1) 세하는 <u>마른침</u>을 삼키며 기다렸다. (　　　)

2) 그의 <u>먹글씨</u>를 봤니? (　　　)

3) <u>모래찜질</u>은 나의 취미다. (　　　)

4) <u>물수제비</u> 뜨는 걸 바라보니 시간 가는 줄 모르겠다. (　　　)

5) <u>무서리</u>가 내리고 날씨가 추워졌다. (　　　)

6) 사람들이 둘러앉아 <u>모닥불</u>을 피웠다. (　　　)

7) 호현이는 <u>맏딸</u>이다. (　　　)

① 붓이나 펜에 먹물을 묻혀 쓴 글씨.
② 둘 이상의 딸 가운데 맏이가 되는 딸을 이르는 말.
③ 잎나무나 검불 따위를 모아 놓고 피우는 불.
④ 늦가을에 처음 내리는 묽은 서리.
⑤ 둥글고 얄팍한 돌을 물 위로 튀기어 가게 던졌을 때에, 그 튀기는 자리마다 생기는 물결 모양.
⑥ 더운 모래를 이용하는 찜질. 몸에 열이 나게 하고 땀을 흘리게 하며 피부에 자극을 주어 단련하는 효과가 있다.
⑦ 애가 타거나 긴장하였을 때 입 안이 말라 무의식중에 힘들게 삼키는 아주 적은 양의 침.

속담

속담의 뜻을 찾아 연결하시오.

1) 말 많은 집은 장맛도 쓰다. ●

● ㉠ 먹고살기 위하여, 해서는 안 될 짓까지 하지 않을 수 없음을 이르는 말.

2) 목구멍이 포도청. ●

● ㉡ 염치없고 뻔뻔스러움을 이르는 말.

3) 무는 개를 돌아본다. ●

● ㉢ 집안에 잔말이 많으면 살림이 잘 안된다는 말.

4) 모기도 낯짝이 있지. ●

● ㉣ 늘 말하던 것이 마침내 사실대로 되었을 때를 이르는 말.

5) 말이 씨가 된다. ●

● ㉤ 위급한 때를 당하면 무엇이나 닥치는 대로 잡고 늘어지게 됨을 이르는 말.

6) 물에 빠지면 지푸라기라도 잡는다. ●

● ㉥ 너무 순하기만 하면 도리어 무시당하거나 관심을 끌지 못함을 비유적으로 이르는 말.

한자성어

보기를 보고 빈칸에 알맞은 말을 쓰시오.

1) 모든 것이 뜻대로 잘됨.

2) 꿈속의 꿈이란 뜻으로, 이 세상이 덧없음을 비유적으로 이르는 말.

3) 끝이 없고 다함이 없음.

4) 겉으로는 복종하는 체하면서 내심으로는 배반함.

5) 부정을 타지 않도록 깨끗이 목욕하고 몸가짐을 가다듬는 일.

6) 아무런 탈 없이 아주 오래 삶.

7) 자식이 객지에서 고향에 계신 어버이를 생각하는 마음.

8) 오래고 영원한 세월.

보기
만고천추 만사형통 망운지정 만수무강
목욕재계 면종복배 무궁무진 몽중몽

빈 칸에 알맞은 말을 쓰시오.

1) 정말 | 기 | 저 | 초 | 풍 | 할 일이구나.
   • 기절하거나 까무러칠 정도로 몹시 놀라 질겁을 함.

2) 꾸준히 올라갈 | 추 | | 인 것 같다.
   • 어떤 현상이 일정한 방향으로 나아가는 경향.

3) | 오 | 시 | | 스 | 배출이 늘어나고 있다.
   • 지구 대기를 오염시켜 온실 효과를 일으키는 가스를 통틀어 이르는 말.

4) 그 | 서 | 며 | 무 | 은 유익했다.
   • 읽는 이들이 어떠한 사항에 대해 이해할 수 있도록 객관적이고 논리적으로 서술한 글.

5) 그런 행동은 | 혀 | 오 | 가 | 을 불러일으켰다.
   • 병적으로 싫어하고 미워하는 감정.

6) 비밀을 | ㄴ | 서 | 해서는 안 돼.
   • 비밀이 새어 나감. 또는 그렇게 함.

7) 왜 | 히 | 끄 | | | 쳐다보는 거니?
   • 거볍게 곁눈질하여 슬쩍슬쩍 자꾸 쳐다보는 모양.

8) 너의 | 푸 | 녀 | 을 들어주는 것도 지친다.
   • 마음속에 품은 불평을 늘어놓음. 또는 그런 말.

9) 그것이 | 사 | 징 | 하는 바에 관해서 생각해보았다.
   • 추상적인 개념이나 사물을 구체적인 사물로 나타냄.

10) 그는 몹시 | 겨 | 노 | 하였다.
   • 몹시 분하고 노여운 감정이 북받쳐 오름.

11) 땅이 | 비 | 오 | 하여 농사가 잘 되었다.
   • 땅이 걸고 기름짐.

12) | 포 | 여 | 이라 어쩔 수 없다.
   • 매우 심한 더위.

율/률

> 율 받침이 없거나 ㄴ받침일 때   예)규율, 선율
>
> 률 그 외의 받침   예)확률, 능률

다음 중 맞는 것에 동그라미 하세요.

1) ① 실패율 (   )　　　2) ① 전율 (   )　　　3) ① 성공율 (   )

　② 실패률 (   )　　　　② 전률 (   )　　　　② 성공률 (   )

4) ① 결렬 (   )　　　　5) ① 비율 (   )　　　　6) ① 백분율 (   )

　② 결열 (   )　　　　　② 비률 (   )　　　　　② 백분률 (   )

시나리오 용어

> 시나리오 : 영화를 만들기 위하여 쓴 각본. 장면이나 그 순서, 배우의 행동이나 대사 따위를 상세하게 표현한다.

시나리오 용어의 뜻을 찾아 연결하시오.

1) F.O. (Fade Out) ●

2) S# (Scene number) ●

3) 내레이션 ●

4) C.U. (Close up) ●

5) O.L. (Over Lap) ●

6) 몽타주 ●

● ㉠ 화면이 처음에 밝았다가 점차 어두워지는 일.

● ㉡ 영화, 연극 따위에서, 장면에 안 나타나면서 장면의 진행에 따라 그 내용이나 줄거리를 장 외에서 해설하는 일.

● ㉢ 하나의 화면이 끝나기 전에 다음 화면이 겹 치면서 먼저 화면이 차차 사라지게 하는 기법.

● ㉣ 장면 표시 번호

● ㉤ 영화나 텔레비전에서, 배경이나 인물의 일부 를 화면에 크게 나타내는 일.

● ㉥ 따로따로 촬영한 화면을 적절하게 떼어 붙여 서 하나의 긴밀하고도 새로운 장면이나 내용으 로 만드는 일.

어휘 수업 제5회

관용구 ....

ㅂ

▸ 바가지를 긁다   주로 아내가 남편에게 생활의 어려움에서 오는 불평과 잔소리를 심하게 하다.

▸ 바람을 넣다   남을 부추겨서 무슨 행동을 하려는 마음이 생기게 만들다.

▸ 발을 구르다   매우 안타까워하거나 다급해하다. 예) 어찌할 바를 몰라 발만 구르고 있었다.

▸ 발을 끊다   오가지 않거나 관계를 끊다. 예) 두 사람은 서먹해지더니 이제는 발을 끊은 사이가 되었다.

▸ 발을 디딜 틈이 없다   복작거리어 혼잡스럽다. 예) 공원에 사람이 너무 많아 발을 디딜 틈이 없다.

▸ 발을 빼다   어떤 일에서 관계를 완전히 끊고 물러나다. 예) 이제 그 일에서 발 빼고 싶어요?

▸ 발이 넓다   사귀어 아는 사람이 많아 활동하는 범위가 넓다. 예) 발이 넓은 성호는 늘 바쁘다.

▸ 발이 묶이다   몸을 움직일 수 없거나 활동할 수 없는 형편이 되다. 예) 폭설이 내려서 발이 묶였다.

▸ 발등을 찍히다   남에게 배신을 당하다. 예) 믿었던 사람에게 발등을 찍히고 크게 낙담했다.

▸ 발등의 불을 끄다   눈앞에 닥친 절박한 일이나 어려운 일을 처리하거나 해결하다.

▸ 발목을 잡히다   어떤 일에 꽉 잡혀서 벗어나지 못하다. 예) 혹시 무슨 발목 잡힌 일이라도 있니?

혼잡(混雜):여럿이 한데 뒤섞이어 어수선함.

절박하다:어떤 일이나 때가 가까이 닥쳐서 몹시 급하다.

고유어 ....

ㅂ

▸ 바깥일   집 밖에서 하는 경제적·사회적 활동. 예) 당신은 걱정하지 말고 바깥일에나 신경 쓰세요.

▸ 바른말   이치에 맞는 말. 예) 거침없이 바른말을 했다.

▸ 발디딤   발을 디딜 수 있게 만들어 놓은 것.

▸ 배밀이   배를 바닥에 대고 기어가는 일. 예) 아기가 아직 배밀이하지 못해 걱정이다.

▸ 버둥거리다   덩치가 큰 것이 매달리거나 주저앉아서 팔다리를 내저으며 자꾸 움직이다.

▸ 버릇되다   버릇으로 굳어지다. 예) 핑계도 자주 대면 버릇된다.

▸ 벌그스름하다   조금 벌겋다. 예) 부딪힌 자리가 벌그스름해졌다.

▸ 보드랍다   닿거나 스치는 느낌이 거칠거나 뻣뻣하지 않다.

▸ 보잘것없이   볼만한 가치가 없을 정도로 하찮게.

▸ 보조개   말하거나 웃을 때에 두 볼에 움푹 들어가는 자국. 예) 볼에 보조개가 피었다.

▸ 복슬복슬하다   살이 찌고 털이 많아서 귀엽고 탐스럽다.

▸ 본체만체하다   보고도 아니 본 듯이 하다. 예) 나를 보고도 본체만체하고 지나갔다.

▸ 볼썽사납다   어떤 사람이나 사물의 모습이 보기에 역겹다. 예) 씻지 않아서 볼썽사나운 모습이다.

역겹다 : 역정이 나거나 속에 거슬리게 싫다.

속담

ㅂ

▸ 바늘 가는 데 실 간다	바늘이 가는 데 실이 항상 뒤따른다는 뜻으로, 사람의 긴밀한 관계를 비유적으로 이르는 말.
▸ 바늘로 찔러도 피 한 방울 안 난다	① 사람이 매우 단단하고 야무지게 생겼음을 비유적으로 이르는 말. ② 사람의 성격이 빈틈이 없거나 융통성이 없음을 비유적으로 이르는 말.
▸ 바람 앞의 등불	언제 꺼질지 모르는 바람 앞의 등불이란 뜻으로, 매우 위태로운 처지에 놓여 있음을 비유적으로 이르는 말.
▸ 발등에 오줌 싼다	너무 바쁜 경우를 비유적으로 이르는 말.
▸ 밥 아니 먹어도 배부르다	기쁜 일이 생겨서 마음이 매우 흡족하다는 말.
▸ 방귀 뀐 놈이 성낸다	자기가 방귀를 뀌고 오히려 남보고 성낸다는 뜻으로, 잘못을 저지른 쪽에서 오히려 남에게 성냄을 비꼬는 말.
▸ 배 먹고 이 닦기	배를 먹으면 이까지 하얗게 닦아진다는 뜻으로, 한 가지 일에 두 가지 이로움이 있음을 비유적으로 이르는 말.

> 흡족(洽足):조금도 모자람이 없을 정도로 넉넉하여 만족함.

한자성어

ㅂ

▸ 박리다매(薄利多賣)	이익을 적게 보고 많이 파는 것.
▸ 박장대소(拍掌大笑)	손뼉을 치며 크게 웃음.
▸ 박학다식(博學多識)	학식이 넓고 아는 것이 많음.
▸ 반신반의(半信半疑)	얼마쯤 믿으면서도 한편으로는 의심함.
▸ 반의지희(斑衣之戱)	늙어서 효도함을 이르는 말.
▸ 반포지효(反哺之孝)	까마귀 새끼가 자라서 늙은 어미에게 먹이를 물어다 주는 효(孝)라는 뜻으로, 자식이 자란 후에 어버이의 은혜를 갚는 효성을 이르는 말.
▸ 발본색원(拔本塞源)	좋지 않은 일의 근본 원인이 되는 요소를 완전히 없애 버려서 다시는 그러한 일이 생길 수 없도록 함.
▸ 백골난망(白骨難忘)	죽어서 백골이 되어도 잊을 수 없다는 뜻으로, 남에게 큰 은덕을 입었을 때 고마움의 뜻으로 이르는 말.
▸ 백년가약(百年佳約)	젊은 남녀가 부부가 되어 평생을 같이 지낼 것을 굳게 다짐하는 아름다운 언약.
▸ 백배사죄(百拜謝罪)	거듭 절을 하며 잘못한 일에 대해 용서를 빎.
▸ 백안시(白眼視)	남을 업신여기거나 무시하는 태도로 흘겨봄.

> 학식(學識):배워서 얻은 지식.

> 언약(言約):말로 약속함. 또는 그런 약속.

관용구

빈 칸에 알맞은 낱말을 쓰시오.

1) 바 이 묶이다.
   • 몸을 움직일 수 없거나 활동할 수 없는 형편이 되다.

2) 발을 구 르 .
   • 매우 안타까워하거나 다급해하다.

3) 바 다 을 기다.
   • 정도나 수준이 형편없다.

4) 바 죽 이 좋다.
   • 노여움이나 부끄러움을 타지 아니하다.

5) 발을 디딜 트 이 없다.
   • 복작거리어 혼잡스럽다.

고유어

밑줄 친 낱말의 알맞은 뜻을 찾아 번호를 쓰시오.

1) 영진이는 친구를 <u>본체만체하고</u> 지나갔다. (   )

2) 자꾸 그러면 <u>버릇되니</u> 조심해. (   )

3) 당신은 걱정 말고 <u>바깥일</u>에만 신경 쓰세요. (   )

4) 그것이 순간 너무나도 <u>보잘것없이</u> 느껴졌다. (   )

5) 잠에서 깬 아기가 <u>배밀이</u>를 하고 있었다. (   )

6) <u>보드라운</u> 감촉이 그대로 느껴졌다. (   )

7) 서현이는 웃을 때 <u>보조개</u>가 들어간다. (   )

① 버릇으로 굳어지다.
② 말하거나 웃을 때에 두 볼에 움푹 들어가는 자국.
③ 보고도 아니 본 듯이 하다.
④ 닿거나 스치는 느낌이 거칠거나 빳빳하지 않다.
⑤ 볼만한 가치가 없을 정도로 하찮게.
⑥ 배를 바닥에 대고 기어가는 일.
⑦ 집 밖에서 하는 경제적·사회적 활동.

속담

속담의 뜻을 찾아 연결하시오.

1) 바람 앞의 등불　●

2) 밥 아니 먹어도 배부르다.　●

3) 배 먹고 이 닦기　●

4) 발등에 오줌 싼다.　●

5) 비단옷 입고 밤길 가기　●

6) 비 오는 날 장독 열기　●

●　㉠ 너무 바쁜 경우를 비유적으로 이르는 말.

●　㉡ 기쁜 일이 생겨서 마음이 매우 흡족하다는 말.

●　㉢ 언제 꺼질지 모르는 바람 앞의 등불이란 뜻으로, 매우 위태로운 처지에 놓여 있음을 비유적으로 이르는 말.

●　㉣ 배를 먹으면 이까지 하얗게 닦아진다는 뜻으로, 한 가지 일에 두 가지 이로움이 있음을 비유적으로 이르는 말.

●　㉤ 당치 않은 짓을 함을 비유적으로 이르는 말.

●　㉥ 비단옷을 입고 밤길을 걸으면 아무도 알아주지 않는다는 뜻으로, 생색이 나지 않는 공연한 일에 애쓰고도 보람이 없는 경우를 비유적으로 이르는 말.

한자성어

보기를 보고 빈칸에 알맞은 말을 쓰시오.

1) 완전히 잠이 들지도 잠에서 깨어나지도 않은 어렴풋한 상태.

2) 어떠한 난관에도 결코 굽히지 않음.

3) 거듭 절을 하며 잘못한 일에 대해 용서를 빎.

4) 종이에 아무것도 쓰지 않은 상태. 어떠한 대상에 대하여 아무것도 모르는 상태.

5) 부부가 되어 한평생을 사이좋게 지내고 즐겁게 함께 늙음.

6) 학식이 넓고 아는 것이 많음.

7) 남에게 큰 은덕을 입었을 때 고마움의 뜻으로 이르는 말.

8) 늙어서 효도함을 이르는 말. 중국 초나라의 노래자가 일흔 살에 늙은 부모님을 위로하려고 색동저고리를 입고 어린이처럼 기어 다녀 보였다는 데서 유래한다.

> **보기**
>
> 박학다식　반의지희　백골난망　백배사죄
> 백년해로　백지상태　백절불굴　비몽사몽

어휘 탐구

빈 칸에 알맞은 말을 쓰시오.

1) 화 랴 하 들판에서 해가 지고 있었다.
- 황폐하여 거칠고 쓸쓸하다.

2) 그 래 프 를 다시 한번 살펴보세요.
- 여러 가지 자료를 분석하여 그 변화를 한눈에 알아볼 수 있도록 나타내는 직선이나 곡선.

3) ㅁ 서 우 칼바람이 불고 있었다.
- 남이 겁을 낼 만큼 성질이나 기세 따위가 매몰차고 날카롭다.

4) 시를 ☐ 소 하는 것이 취미입니다.
- 크게 소리를 내어 글을 읽거나 욈.

5) 귀 호 를 준비하고 있어요.
- 다른 나라의 국적을 얻어 그 나라의 국민이 되는 일.

6) ㅂ 야 이 너무 심한 것 같아요.
- 논리나 사고방식 따위가 그 차례나 단계를 따르지 아니하고 뛰어넘음.

7) 아직 파 차 으 을 잘 이해하지 못했다.
- 파열음과 마찰음의 두 가지 성질을 다 가지는 소리.

8) 아마도 대 웅 저 에 가신 모양이다.
- 불교 선종 계통의 절에서, 본존 불상을 모신 법당.

9) 그 식물은 외 래 조 이다.
- 다른 나라에서 들어온 씨나 품종.

10) 이미 페 다 은 심각한 수준이었다.
- 어떤 일이나 행동에서 나타나는 옳지 못한 경향이나 해로운 현상.

11) 아마도 해외에 체 ㄹ 하고 있을 거예요.
- 객지에 가서 머물러 있음.

12) 그렇게 말해도 과 ☐ 이 아닙니다.
- 지나치게 말을 함. 또는 그 말.

의성어 의태어 ·····

의성어는 사물의 소리나 인간이 내는 소리를 흉내낸 낱말이고
의태어는 사람이나 사물의 모양이나 움직임을 흉내낸 말이다.

빈칸에 알맞은 말을 쓰시오.

1) 수돗물이 ☐☐☐☐☐☐ 흘렀다.
  • 굵은 물줄기 따위가 빠르게 자꾸 흘렀다 그쳤다 하는 소리. 또는 그 모양.

2) 갈증이 몹시 나서 물을 꿀꺼☐☐ 마셨다.
  • 액체나 음식물 따위가 목구멍이나 좁은 구멍으로 한꺼번에 많이 자꾸 넘어가는 소리. 또는 그 모양.

3) 이마에 땀이 소고☐☐ 맺혀 있었다.
  • 땀이나 소름, 물방울 따위가 살갗이나 표면에 잘게 많이 돋아나 있는 모양.

4) 아랫배에 힘을 주고 거중☐☐ 뛰어올랐다.
  • 긴 다리를 모으고 계속 힘 있게 솟구쳐 뛰는 모양.

5) 꾀☐☐☐ 새 우는 소리가 정겹다.
  • 꾀꼬리가 잇따라 우는 소리.

6) 지거☐☐ 씹던 껌을 뱉었다.
  • 질긴 물건을 거칠게 자꾸 씹는 모양.

7) 걸음을 옮길 때마다 바스락☐☐☐ 소리가 났다.
  • 마른 잎이나 검불, 종이 따위를 자꾸 가볍게 밟거나 뒤적일 때 나는 소리.

8) 사람들이 장터에 와그자☐☐ 모여 있었다.
  • 여럿이 좁은 곳에서 시끄럽게 복작거리는 소리. 또는 그 모양.

9) 누나는 사과를 아사☐☐ 베어 먹었다.
  • 연하고 싱싱한 과일이나 채소 따위를 보드랍게 베어 물 때 자꾸 나는 소리.

33

어휘 수업 제6회

관용구

ㅅ

사람이 되다	도덕적으로나 인격적으로 사람으로서의 자질을 갖춘 인간이 되다.
사서 고생을 하다	고생하지 않아도 될 일을 제 스스로 만들어 고생하다.
사시나무 떨듯	몸을 몹시 떠는 모양을 비유적으로 이르는 말. 예) 몸을 <u>사시나무 떨듯</u> 떨었다.
사족을 못 쓰다	무슨 일에 반하거나 혹하여 꼼짝 못하다. 예) 치킨이라면 <u>사족을 못 쓴다.</u>
사흘이 멀다 하고	일의 횟수가 매우 잦게. 예) <u>사흘이 멀다하고</u> 서점에 다녀왔다.
살을 붙이다	바탕에 여러 가지를 덧붙여 보태다. 예) 좀 더 <u>살을 붙여</u> 완성해보세요.
살얼음을 밟다	위태위태하여 마음이 몹시 불안하다. 예) <u>살얼음을 밟듯이</u> 위태로웠다.
새빨간 거짓말	뻔히 드러날 만큼 터무니없는 거짓말. 예) <u>새빨간 거짓말</u>인 것을.
생각이 꿀떡 같다	무엇을 하고 싶은 생각이 매우 간절하다. 예) 밖에 나가 놀고 싶은 <u>생각이 꿀떡 같다.</u>
생사람을 잡다	아무 잘못이나 관계가 없는 사람을 헐뜯거나 죄인으로 몰다.
서슬이 시퍼렇다	권세나 기세 따위가 아주 대단하다.

> **자질(資質)**:①타고난 성품이나 소질.② 어떤 분야의 일에 대한 능력이나 실력의 정도.

> **권세 (權勢)**: 권력과 세력을 아울러 이르는 말.

고유어

ㅅ

사르르	얽히거나 뭉쳤던 것이 저절로 살살 풀리는 모양. 예)매듭이 <u>사르르</u> 풀렸다.
삶다	물에 넣고 끓이다. 예) 계란을 <u>삶고</u> 있는 중이다.
새까맣다	매우 까맣다. 예)누룽지가 <u>새까맣게</u> 탔다.
샐쭉거리다	어떤 감정을 나타내면서 입이나 눈이 자꾸 한쪽으로 약간 샐그러지게 움직이다.
서늘하다	물체의 온도나 기온이 꽤 찬 느낌이 있다. 예)<u>서늘한</u> 기운이 느껴졌다.
소곤소곤하다	남이 알아듣지 못하도록 작은 목소리로 가만가만 자꾸 이야기하다.
속다짐	마음속으로 하는 다짐. 예) 다시는 그러지않겠다고 <u>속다짐</u>을 했다.
손꼽이	손가락을 하나씩 고부리며 수를 헤아리는 일.
송곳눈	날카롭게 쏘아보는 눈초리를 비유적으로 이르는 말.
수굿이	고개를 조금 숙인 듯이. 예) 고개를 <u>수굿이</u> 하고 책을 읽고 있었다.
스치다	서로 살짝 닿으면서 지나가다. 예) 옷깃이 <u>스치는</u> 소리가 났다.
시끌시끌하다	① 몹시 시끄럽다. ② 일이 마구 얽히어 정신이 어지럽다. 예) 동네가 <u>시끌시끌</u>하다.

> **샐그러지다**:한쪽으로 배뚤어지거나 기울어지다.

속담

사공이 많으면 배가 산으로 간다	여러 사람이 저마다 제 주장대로 배를 몰려고 하면 결국에는 배가 물로 못 가고 산으로 올라간다는 뜻으로, 주관하는 사람 없이 여러 사람이 자기주장만 내세우면 일이 제대로 되기 어려움을 비유적으로 이르는 말.
사람 팔자 시간문제	사람의 팔자는 순식간에 달라질 수도 있으므로 그 앞날이 어떻게 될지 알 수 없음을 이르는 말.
사촌이 땅을 사면 배가 아프다	남이 잘되는 것을 기뻐해 주지는 않고 오히려 질투하고 시기하는 경우를 비유적으로 이르는 말.
사후 약방문	사람이 죽은 다음에야 약을 구한다는 뜻으로, 때가 지나 일이 다 틀어진 후에야 뒤늦게 대책을 세움을 비유적으로 이르는 말.
산 사람 입에 거미줄 치랴	거미가 사람의 입 안에 거미줄을 치자면 사람이 아무것도 먹지 않아야 한다는 뜻으로, 아무리 살림이 어려워 식량이 떨어져도 사람은 그럭저럭 죽지 않고 먹고 살아가기 마련임을 비유적으로 이르는 말.
새 발의 피	새의 가느다란 발에서 나오는 피라는 뜻으로, 아주 하찮은 일이나 극히 적은 분량임을 비유적으로 이르는 말.
서당 개 삼 년에 풍월을 한다	어떤 분야에 대하여 지식과 경험이 전혀 없는 사람이라도 그 부문에 오래 있으면 얼마간의 지식과 경험을 갖게 된다는 것을 비유적으로 이르는 말.

살림: ①한집안을 이루어 살아가는 일. ②살아가는 형편이나 정도.

한자성어

사고무친(四顧無親)	의지할 만한 사람이 아무도 없음.
사기충천(士氣衝天)	사기가 하늘을 찌를 듯이 높음.
사리사욕(私利私慾)	사사로운 이익과 욕심.
사면초가(四面楚歌)	아무에게도 도움을 받지 못하는, 외롭고 곤란한 지경에 빠진 형편을 이르는 말.
사생결단(死生決斷)	죽고 사는 것을 돌보지 않고 끝장을 내려고 함.
사실무근(事實無根)	근거가 없음. 또는 터무니없음.
사친이효(事親以孝)	세속 오계의 하나. 어버이를 섬기기를 효도로써 함을 이른다.
사필귀정(事必歸正)	모든 일은 반드시 바른길로 돌아감.
산전수전(山戰水戰)	산에서도 싸우고 물에서도 싸웠다는 뜻으로, 세상의 온갖 고생과 어려움을 다 겪었음을 이르는 말.
산중호걸(山中豪傑)	산속에 사는 호걸이라는 뜻으로, 호랑이나 호랑이의 기상(氣象)을 이르는 말.
산해진미(山海珍味)	산과 바다에서 나는 온갖 진귀한 물건으로 차린, 맛이 좋은 음식.
살신성인(殺身成仁)	자기의 몸을 희생하여 인을 이룸.
삼간초가(三間草家)	세 칸밖에 안 되는 초가라는 뜻으로, 아주 작은 집을 이르는 말.

어버이: 아버지와 어머니를 아울러 이르는 말.

문제로 실력 쌓기

관용구

빈 칸에 알맞은 낱말을 쓰시오.

1) [ ][라]이 되다.

   • 도덕적으로나 인격적으로 사람으로서의 자질을 갖춘 인간이 되다.

2) [사][흘]이 멀다 하고

   • 일의 횟수가 매우 잦게.

3) 숨을 [도][리][다].

   • 가쁜 숨을 가라앉히다.

4) [새][빨][간] 거짓말.

   • 뻔히 드러날 만큼 터무니없는 거짓말.

5) [쉬][ ][르]. 끓듯.

   • 무질서하고 복잡하게 모여 있는 경우를 비유적으로 이르는 말.

고유어

밑줄 친 낱말의 알맞은 뜻을 찾아 번호를 쓰시오.

1) 어제 내린 눈이 <u>사르르</u> 녹아 사라졌다. (   )

2) 영재는 고개를 <u>수굿이</u> 하고 필기 도구를 챙겼다. (   )

3) 그만해야겠다고 <u>속다짐</u>을 했다. (   )

4) 그녀의 향기가 코끝에 <u>스쳤다</u>. (   )

5) <u>송곳눈</u>으로 노려보면서 윽박질렀다. (   )

6) 민호는 기분이 상한 듯 <u>샐쭉거리며</u> 집을 나섰다. (   )

7) 달걀을 미리 <u>삶고</u> 파를 데쳐두었다. (   )

① 고개를 조금 숙인 듯이.
② 물에 넣고 끓이다.
③ 어떤 감정을 나타내면서 입이나 눈이 자꾸 한쪽으로 약간 샐그러지게 움직이다.
④ 마음속으로 하는 다짐.
⑤ 날카롭게 쏘아보는 눈초리를 비유적으로 이르는 말.
⑥ 서로 살짝 닿으면서 지나가다.
⑦ 얽히거나 뭉쳤던 것이 저절로 살살 풀리는 모양.

속담

속담의 뜻을 찾아 연결하시오.

1) 사람 팔자 시간문제 ●

2) 사후 약방문 ●

3) 수박 겉 핥기 ●

4) 새 발의 피 ●

5) 서당 개 삼 년에 풍월을 한다 ●

6) 소 뒷걸음질 치다 쥐 잡기 ●

● ㉠ 소가 뒷걸음질 치다가 우연히 쥐를 잡게 되었다는 뜻으로, 우연히 공을 세운 경우를 비유적으로 이르는 말.

● ㉡ 새의 가느다란 발에서 나오는 피라는 뜻으로, 아주 하찮은 일이나 극히 적은 분량임을 비유적으로 이르는 말.

● ㉢ 사람의 팔자는 순식간에 달라질 수도 있으므로 그 앞날이 어떻게 될지 알 수 없음을 이르는 말.

● ㉣ 맛있는 수박을 먹는다는 것이 딱딱한 겉만 핥고 있다는 뜻으로, 사물의 속 내용은 모르고 겉만 건드리는 일을 비유적으로 이르는 말.

● ㉤ 때가 지나 일이 다 틀어진 후에야 뒤늦게 대책을 세움을 비유적으로 이르는 말.

● ㉥ 어떤 분야에 대하여 지식과 경험이 전혀 없는 사람이라도 그 부문에 오래 있으면 얼마간의 지식과 경험을 갖게 된다는 것을 비유적으로 이르는 말.

한자성어

보기를 보고 빈칸에 알맞은 말을 쓰시오.

1) 소식이 서로 끊김. ☐

2) 자기의 몸을 희생하여 인을 이룸. ☐

3) 산에서도 싸우고 물에서도 싸웠다는 뜻으로, 세상의 온갖 고생과 어려움을 다 겪었음을 이르는 말. ☐

4) 손에서 책을 놓지 아니하고 늘 글을 읽음. ☐

5) 누구를 원망하고 누구를 탓하겠냐는 뜻으로, 남을 원망하거나 탓할 것이 없음을 이르는 말. ☐

6) 근거가 없음. 또는 터무니없음. ☐

7) 사사로운 이익과 욕심. ☐

8) 물이 없으면 살 수 없는 물고기와 물의 관계라는 뜻으로, 아주 친밀하여 떨어질 수 없는 사이를 비유적으로 이르는 말. ☐

보기   사리사욕   사실무근   소식불통   수원수구
      수불석권   산전수전   살신성인   수어지교

어휘 탐구 ···

빈 칸에 알맞은 말을 쓰시오.

1) 그는 |미|도| 도 하지 않았다.
   - 약간 움직임.

2) 뭘 그렇게 |미| | | |ㄱ| 있는 거야?
   - 꾸물대거나 망설이다.

3) 정말 |ㅎ|회|마| | 이다.
   - 더할 나위 없이 후회스러움.

4) 그녀는 오늘 약속을 |마|각| 하고 있었다.
   - 어떤 사실을 잊어버림.

5) 지윤은 |고|소| 하게 인사했다.
   - 말이나 행동이 겸손하고 예의 바르다.

6) 지금까지 쌓은 |고|더| 이 한순간에 무너져내렸다.
   - 착한 일을 하여 쌓은 업적과 어진 덕.

7) 아무도 돌봐주지 않는다고 |탄|시| 했다.
   - 한탄하여 한숨을 쉼. 또는 그 한숨.

8) 명지가 막 |ㅊ|ㄱ| 를 완성했다.
   - 초벌로 쓴 원고.

10) 민호는 글의 |ㄱ|요| 를 작성했다.
   - 간결하게 추려 낸 주요 내용.

11) 성진이는 |고| |타|부| | 형이 못마땅했다.
   - 하는 짓이나 성미, 분위기 따위가 새롭지 못하고 답답하다.

12) 잘못된 내용은 |사|제| 하세요.
   - 깎아 없애거나 지워 버림.

13) 지속적인 |과| | 이 필요합니다.
   - 어떤 것에 마음이 끌려 주의를 기울임. 또는 그런 마음이나 주의.

14) 엘레베이터 점[ ]시간입니다.
   - 낱낱이 검사함. 또는 그런 검사.

15) 임의적으로 연[ ]해둔 것입니다.
   - 사물과 사물 또는 현상과 현상이 서로 이어지거나 관계를 맺음.

16) 그것은 그의 독[ ]적[이] 발명품이었다.
   - 다른 것을 모방함이 없이 새로운 것을 처음으로 만들어 내거나 생각해 내는. 또는 그런 것.

17) 교[감] 을 나누는 일은 언제나 즐겁다.
   - 서로 접촉하여 따라 움직이는 느낌.

18) 사 호 자 용 을 통해 결과를 이끌어냈다.
   - 생물체 부분들의 기능 사이나, 생물체의 한 부분의 기능과 개체의 기능 사이에서 이루어지는 일정한 작용.

19) 피부가 건[조] 해졌다.
   - 말라서 습기가 없음.

20) [ ]요 하 일이 생기면 그때 이용하세요.
   - 꼭 필요하고 중요하다.

21) 파 생 어 만 따로 정리해두렴.
   - 실질 형태소에 접사가 결합하여 하나의 단어가 된 말.

22) 이번 수업 시간에는 품[사] 를 공부할 거예요.
   - 단어를 기능, 형태, 의미에 따라 나눈 갈래.

23) 그 배우의 [ ]백 이 인상적이었다.
   - 연극에서, 등장인물이 말을 하지만 무대 위의 다른 인물에게는 들리지 않고 관객만 들을 수 있는 것으로 약속되어 있는 대사.

24) 이 단어의 유 의 어 를 말해보세요.
   - 뜻이 서로 비슷한 말.

어휘 수업 제7회

관용구

ㅇ

아귀가 맞다	앞뒤가 빈틈없이 들어맞다. 예) 그 일은 <u>아귀가 맞게</u> 진행되고 있어요.
안개 속에 묻히다	어떤 사실이나 비밀이 밝혀지지 않다. 예) 아직 그 비밀은 <u>안개 속에 묻혀 있다.</u>
앉으나 서나	언제나. 어떤 상황에서나. 예) <u>앉으나 서나</u> 농구 생각만 했다.
알다가도 모르다	어떤 일이 선뜻 이해가 가지 않는다는 말. 예) 정말 <u>알다가도 모를</u> 사람이다.
앓는 소리	일부러 구실을 대며 걱정하는 모양을 비유적으로 이르는 말. 예) 공연히 <u>앓는 소리</u>를 했다.
앞뒤가 막히다	융통성이 없고 답답하다. 예) <u>앞뒤가 막힌</u> 사람이라 어쩔 수 없다.
앞서거니 뒤서거니	같은 방향으로 나가면서 서로 앞에 서기도 하고 뒤에 서기도 하는 모양을 이르는 말.
애간장을 태우다	몹시 초조하고 안타까워서 속을 많이 태우다. 예) 오빠는 발표를 기다리느라 <u>애간장을 태웠다.</u>
약을 올리다	비위가 상하여 언짢거나 은근히 화가 나게 하다. 예) 계속 그렇게 <u>약올리면</u> 안돼.
양다리를 걸치다	양쪽에서 이익을 보려고 두 편에 다 관계를 가지다. 예) 알고보니 <u>양다리를 걸치고</u> 있었다.
어금니를 악물다	고통이나 분노 따위를 참으려고 이를 악물어 굳은 의지를 나타내다.
어깨가 무겁다	무거운 책임을 져서 마음에 부담이 크다. 예) 막상 반장이 되고 나니 <u>어깨가 무겁다.</u>

구실(口實):핑계를 삼을 만한 재료

고유어

ㅇ

아귀힘	손아귀에 잡아 쥐는 힘. 예) 아기가 <u>아귀힘</u>이 좋다.
아롱다롱	여러 가지 빛깔의 작은 점이나 줄 따위가 고르지 않고 촘촘하게 무늬를 이룬 모양.
아슴푸레하다	빛이 약하거나 멀어서 조금 어둑하고 희미하다.
알아듣다	남의 말을 듣고 그 뜻을 알다. 예) 말귀를 <u>알아듣고</u> 고개를 끄덕였다.
야금야금	무엇을 입 안에 넣고 잇따라 조금씩 먹어 들어가는 모양.
어긋나다	잘 맞물려 있는 물체가 틀어져서 맞지 아니하다.
어깨다툼	서로 비슷한 높이나 수준에서 먼저 올라가거나 앞서거나 하려고 기를 쓰는 일.
어름어름	말이나 행동을 똑똑하게 분명히 하지 못하고 우물쭈물하는 모양.
억지소리	조리가 닿지 아니하는 말. 예) 그런 <u>억지소리</u> 좀 그만해.
얼뜨기	겁이 많고 어리석으며 다부지지 못하여 어수룩하고 얼빠져 보이는 사람을 낮잡아 이르는 말. 예) <u>얼뜨기</u>라고 놀리지 마세요.
엄청스레	보기에 양이나 정도가 아주 지나친 데가 있게.

어수룩하다:겉모습이나 언행이 치밀하지 못하여 순진하고 어설픈 데가 있다.

속담

ㅇ

아끼다 똥 된다	물건을 너무 아끼기만 하다가는 잃어버리거나 못 쓰게 됨을 비유적으로 이르는 말.
아는 것이 병	분명하지 않은 지식은 오히려 걱정거리가 될 수 있음을 이르는 말.
아니 땐 굴뚝에 연기 날까	원인이 없으면 결과가 있을 수 없음을 비유적으로 이르는 말.
앉을 자리 봐 가면서 앉으라	모든 행동을 분별 있고 눈치 있게 하라는 말.
앓느니 죽지	수고를 조금 덜 하려고 남을 시켜서 시원치 아니하게 일을 하느니보다는 당장에 힘이 들더라도 자기가 직접 해치우는 편이 낫겠다는 말.
암탉이 울면 집안이 망한다	가정에서 아내가 남편을 제쳐 놓고 떠들고 간섭하면 집안일이 잘 안 된다는 말.
앞길이 구만 리 같다	아직 젊어서 앞으로 어떤 큰일이라도 해낼 수 있는 세월이 충분히 있다는 말.
약방에 감초	한약에 감초를 넣는 경우가 많아 한약방에 감초가 반드시 있다는 데서, 어떤 일에나 빠짐없이 끼어드는 사람 또는 꼭 있어야 할 물건을 비유적으로 이르는 말.
어디 개가 짖느냐 한다	남이 하는 말을 무시하여 들은 체도 아니함을 비유적으로 이르는 말.

분별(分別):①서로 다른 일이나 사물을 구별하여 가름.②세상 물정에 대한 바른 생각이나 판단.

한자성어

ㅇ

아비규환(阿鼻叫喚)	여러 사람이 비참한 지경에 빠져 울부짖는 참상을 비유적으로 이르는 말.
아전인수(我田引水)	자기 논에 물 대기라는 뜻으로, 자기에게만 이롭게 되도록 생각하거나 행동함을 이르는 말.
악전고투(惡戰苦鬪)	매우 어려운 조건을 무릅쓰고 힘을 다하여 고생스럽게 싸움.
안분지족(安分知足)	편안한 마음으로 제 분수를 지키며 만족할 줄을 앎.
안빈낙도(安貧樂道)	가난한 생활을 하면서도 편안한 마음으로 도를 즐겨 지킴.
안하무인(眼下無人)	눈 아래에 사람이 없다는 뜻으로, 교만하여 다른 사람을 업신여김을 이르는 말.
암중모색(暗中摸索)	①물건 따위를 어둠 속에서 더듬어 찾음. ②어림으로 무엇을 알아내거나 찾아내려 함.
애걸복걸(哀乞伏乞)	소원 따위를 들어 달라고 애처롭게 사정하며 간절히 빎.
애매모호(曖昧模糊)	말이나 태도 따위가 희미하고 흐려 분명하지 아니함.
애이불비(哀而不悲)	슬프지만 겉으로는 슬픔을 나타내지 아니함.
약육강식	약한 자가 강한 자에게 먹힌다는 뜻으로, 강한 자가 약한 자를 희생시켜서 번영하거나, 약한 자가 강한 자에게 끝내는 멸망됨을 이르는 말.
우문현답(愚問賢答)	어리석은 질문에 대한 현명한 대답.

참상(慘狀):비참하고 끔찍한 상태나 상황.

번영(繁榮):번성하고 영화롭게 됨.

관용구

빈 칸에 알맞은 낱말을 쓰시오.

1) 앉으나 ㅅ 나 .
  • 언제나. 어떤 상황에서나.

2) 앞서거니 뒤 .
  • 같은 방향으로 나가면서 서로 앞에 서기도 하고 뒤에 서기도 하는 모양을 이르는 말.

3) 어 그 니 를 악물다.
  • 고통이나 분노 따위를 참으려고 이를 악물어 굳은 의지를 나타내다.

4) 아 색 을 낮추다.
  • 흥분을 누르며 침착하고 공손하게 대하다.

5) 아 을 닦다.
  • 자기 할 일을 잘하고 행동을 바르게 하다.

고유어

밑줄 친 낱말의 알맞은 뜻을 찾아 번호를 쓰시오.

1) 제발 그런 억지소리 좀 하지 마라. (   )

2) 동생이 자두를 야금야금 먹고 있다. (   )

3) 아슴푸레 빛나는 저녁 햇살. (   )

4) 엄청스레 차이가 나는 것 같아 속이 상했다. (   )

5) 다쳐서 어긋난 뼈. (   )

6) 애면글면 애썼지만 소용없었다. (   )

7) 의뭉스러운 표정을 짓고 있었다. (   )

① 무엇을 입 안에 넣고 잇따라 조금씩 먹어 들어가는 모양.
② 조리가 닿지 아니하는 말.
③ 잘 맞물려 있는 물체가 틀어져서 맞지 아니하다.
④ 빛이 약하거나 멀어서 조금 어둑하고 희미하다.
⑤ 보기에 겉으로는 어리석어 보이나 속으로는 엉큼한 데가 있다.
⑥ 몹시 힘에 겨운 일을 이루려고 갖은 애를 쓰는 모양.
⑦ 보기에 양이나 정도가 아주 지나친 데가 있게.

속담

속담의 뜻을 찾아 연결하시오.

1) 아니 땐 굴뚝에 연기 날까 ●

● ㉠ 남이 하는 말을 무시하여 들은 체도 아니함을 비유적으로 이르는 말.

2) 암탉이 울면 집안이 망한다 ●

● ㉡ 나무랄 데 없이 훌륭하거나 좋은 것에 있는 사소한 흠을 이르는 말.

3) 어디 개가 짖느냐 한다 ●

● ㉢ 원인이 없으면 결과가 있을 수 없음을 비유적으로 이르는 말.

4) 웃음 끝에 눈물 ●

● ㉣ 처음에는 재미나게 잘 지내다가도 나중에는 슬픈 일, 괴로운 일이 생기는 것이 세상사임을 비유적으로 이르는 말.

5) 옥에 티 ●

● ㉤ 행색이 초라하고 고달파 보이는 사람을 비유적으로 이르는 말.

6) 양주 사는 홀아비 ●

● ㉥ 날이 샜다고 울어야 할 수탉이 제구실을 못하고 대신 암탉이 울면 집안이 망한다는 뜻으로, 가정에서 아내가 남편을 제쳐 놓고 떠들고 간섭하면 집안일이 잘 안 된다는 말.

한자성어

보기를 보고 빈칸에 알맞은 말을 쓰시오.

1) 옛것을 익히고 그것을 미루어서 새것을 앎. ☐

2) 태도나 행동이 거만하고 공손하지 못함. ☐

3) 어떤 일에 대하여 옳거니 옳지 아니하거니 하고 말함. ☐

4) 말이나 태도 따위가 희미하고 흐려 분명하지 아니함. ☐

5) 눈 아래에 사람이 없다는 뜻으로, 방자하고 교만하여 다른 사람을 업신여김을 이르는 말. ☐

6) 자기 논에 물 대기라는 뜻으로, 자기에게만 이롭게 되도록 생각하거나 행동함을 이르는 말. ☐

7) 오 리나 되는 짙은 안개 속에 있다는 뜻으로, 무슨 일에 대하여 방향이나 갈피를 잡을 수 없음을 이르는 말. ☐

8) 약한 자가 강한 자에게 먹힌다는 뜻으로, 강한 자가 약한 자를 희생시켜서 번영하거나, 약한 자가 강한 자에게 끝내는 멸망됨을 이르는 말. ☐

> 보기
>
> 아전인수 안하무인 애매모호 오만불손
> 왈가왈부 온고지신 오리무중 약육강식

어휘 탐구 ....

빈 칸에 알맞은 말을 쓰시오.

1) | 이 | 가 | | 가 가장 어려운 것 같아요.
   - 인간과 인간, 또는 인간과 집단과의 관계를 통틀어 이르는 말.

2) 그런 방법은 | 효 | | 이 떨어진다.
   - 들인 노력과 얻은 결과의 비율이 높은 특성.

3) 그의 말을 | 겨 | | 했다.
   - 귀를 기울여 들음.

4) 노인의 얼굴에는 | 거 | 버 | 이 돋아 있었다.
   - 주로 노인의 살갗에 생기는 거무스름한 얼룩.

5) 왜 | 멍 | | 같이 서 있는 거야?
   - 기억력이 부족하고 매우 흐리멍덩한 사람을 낮잡아 이르는 말.

6) 감기에 걸리자 어머니가 | | 숙 | 을 만들어주셨다.
   - 고기나 생선 따위를 양념을 하지 않고 맹물에 푹 삶아 익힘. 또는 그렇게 만든 음식.

7) 동생이 | 시 | 통 | 을 부린다.
   - 마땅치 않게 여기는 나쁜 마음.

8) | | 주 | | 를 이고 걸어왔다.
   - 대, 싸리, 버들 따위를 재료로 하여 바닥은 둥글고 촘촘하게, 전은 성기게 엮어 만든 그릇.

9) | 나 | | 해서 어쩔 줄 몰랐다.
   - 이렇게 하기도 저렇게 하기도 어려워 처지가 매우 딱하다.

10) 지나치게 | 모 | 이 | 하고 있다.
    - 깊이 파고들거나 빠짐.

11) | 미 | 가 | 하 | 영향을 받고 있다.
    - 자극에 빠르게 반응을 보이거나 쉽게 영향을 받는 데가 있다.

12) | | | 를 확인했다.
    - 뇌의 활동에 의하여 일어나는 전류.

13) | ㅊ | 판 | 보 | 이 전시되어 있었다.

- 초판으로 나온 책.

14) | ㅈ | 칭 | 문학 소녀였다.

- 자기 자신을 스스로 일컬음.

15) 괜히 | 따 | 청 | 을 부렸다.

- 어떤 일을 하는 데 그 일과는 전혀 관계없는 일이나 행동

16) 그의 말에 나도 | 고 | 가 | 했다.

- 남의 감정, 의견, 주장 따위에 대하여 자기도 그렇다고 느낌. 또는 그렇게 느끼는 기분.

17) 영호가 먼저 | 해 | | 채 | 을 제시했다.

- 어떠한 일이나 문제 따위를 해결하기 위한 방책.

18) 그렇게 | 미 | 폐 | 를 끼치고도 아무렇지 않았다.

- 민간에 끼치는 폐해.

19) 오랜만에 만나서 그런지 | 어 | 새 | 했다.

- 잘 모르거나 아니면 별로 만나고 싶지 않던 사람과 마주 대하여 자연스럽지 못하다.

20) | 시 | 요 | 적 | 인 글이다.

- 실제로 쓰기에 알맞은. 또는 그런 것.

21) 얼마 지나지 않아 | 중 | 서 | 으로 변했다.

- 서로 반대되는 두 성질의 어느 쪽도 아닌 중간적 성질.

22) 서로 | | | 한 바 있습니다.

- 서로 만나서 얼굴을 마주 봄.

23) 많은 이들의 | | 보 | 을 받았다.

- 행복을 빎. 또는 그 행복.

24) 그것과 연관시키기에는 | ㅂ | 적 | 저 | 합니다.

- 어떠한 일이나 행동 따위를 하기에 알맞지 아니하다.

어휘 수업 제8회

관용구

ㅈ

▶ 자라목이 되다   사물이나 기세 따위가 움츠러들다. 예) 그가 소리치자 웃고 있던 사람들은 <u>자라목이 되었다</u>.

▶ 자리에 눕다   누워서 앓다. 예) 은지는 격한 운동을 하고 나서 <u>자리에 눕고</u> 말았다.

▶ 자취를 감추다   남이 모르게 어디로 가거나 숨다. 예) 어쩐 일인지 이제는 <u>자취를 감췄다</u>.

▶ 잔머리를 굴리다   머리를 써서 얕은꾀를 생각해 내다. 예) 열심히할 생각은 하지않고 <u>잔머리만 굴리고</u> 있다.

▶ 잔뼈가 굵다   오랜 기간 일정한 곳이나 직장에서 일을 하여 그 일에 익숙하다.

▶ 잔을 비우다   부어 놓은 잔의 술을 말끔히 마시다. 예) 순식간에 <u>잔을 비우다</u>.

▶ 재가 되다   일이나 생각 따위가 모두 허사가 되다. 예) 열심히 해왔던 모든 것들이 <u>재가 되어</u> 사라졌다.

▶ 전화통에 불이 나다   전화가 쉴 새 없이 계속 쓰이다. 예) 그 소식이 전해지자 <u>전화통에 불이 났다</u>.

▶ 제 눈에 안경   보잘것없는 물건이라도 제 마음에 들면 좋게 보인다는 말.

▶ 제 발로 걸어가다   남에게 의지하지 아니하고 자기의 힘으로 맡은 일을 수행하다.

▶ 제집 드나들듯   아무 거리낌 없이 마음대로 드나들다. 예) 영수는 친구의 집에 <u>제집 드나들듯</u> 한다.

▶ 좀이 쑤시다   마음이 들뜨거나 초조하여 가만히 있지 못하다.

꾀:일을 잘 꾸며 내거나 해결해 내거나 하는, 묘한 생각이나 수단.

초조하다:애가 타서 마음이 조마조마하다.

고유어

ㅈ

▶ 자질구레하다   모두가 잘고 시시하여 대수롭지 아니하다. 예)모두 <u>자질구레한</u> 물건들이다.

▶ 잔걱정   자질구레한 걱정. 예) <u>잔걱정</u>하는 것은 그저 시간낭비다.

▶ 잡아당기다   잡아서 자기 있는 쪽으로 끌어당기다.

▶ 재촉하다   어떤 일을 빨리하도록 조르다. 예)그렇게 <u>재촉하지</u> 마.

▶ 조잘거리다   조금 낮은 목소리로 빠르게 말을 계속하다. 예) 아이들이 <u>조잘거리며</u> 걸어갔다.

▶ 주저리주저리   너저분하게 이것저것 끝임없이 이야기하는 모양. 예) 계속 <u>주저리주저리</u> 떠들고 있다.

▶ 주전부리   ① 때를 가리지 않고 군음식을 자꾸 먹음. ② 맛이나 재미, 심심풀이로 먹는 음식.

▶ 준말   단어의 일부분이 줄어든 것.

▶ 줄줄이   ① 줄마다 모두. ② 여러 줄로. ③ 줄지어 잇따라. 예) 정류장에 사람들이 <u>줄줄이</u> 서 있었다.

▶ 지게걸음   몸을 좌우로 기우뚱거리며 걷는 걸음.

▶ 지긋이   ① 나이가 비교적 많아 듬직하게. ② 참을성 있게 끈지게.

▶ 지내보다   서로 사귀어 겪어 보다.

▶ 지름길   멀리 돌지 않고 가깝게 질러 통하는 길. 예) <u>지름길</u>을 알려주세요.

시시하다 : ①신통한 데가 없고 하찮다. ②좀스럽고 쩨쩨하다.

속담

ㅈ

▸ 잘 나가다 삼천포로 빠지다   진주로 가야 하는데 길을 잘못 들어 삼천포로 가게 되었다는 데서, 어떤 일이나 이야기 따위가 도중에 엉뚱한 방향으로 진행됨을 비유적으로 이르는 말.

▸ 장님 코끼리 말하듯   일부분을 알면서도 전체를 아는 것처럼 여기는 어리석음을 이르는 말.

▸ 재수가 옴 붙었다   재수가 아주 없음을 이르는 말.

▸ 저녁 굶은 시어미 상   저녁을 주지 않아서 굶은 탓으로 얼굴을 찌푸리고 며느리를 쳐다보는 시어머니의 얼굴 모양이라는 뜻으로, 아주 못마땅하여 얼굴을 잔뜩 찌푸리고 있는 모양을 비유적으로 이르는 말.

▸ 저승길이 대문 밖이다   집을 나서면 언제 어떻게 죽을지 모르는 험악한 세상임을 비유적으로 이르는 말.

▸ 절름발이 원행   잘 걷지도 못하는 자가 멀리 가려고 한다는 뜻으로, 무능한 자가 분수에 넘치는 짓을 하려는 경우를 비난하는 말.

▸ 접시 물에 빠져 죽지   처지가 매우 궁박하여 어쩔 줄 모르고 답답해하는 경우를 비유적으로 이르는 말.

궁박하다:몹시 가난하여 구차하다.

▸ 정들자 이별   만나서 얼마 되지 아니하여 곧 헤어진다는 말.

▸ 젖 먹던 힘이 다 든다   무슨 일이 몹시 힘듦을 비유적으로 이르는 말.

한자성어

ㅈ

▸ 자가당착(自家撞着)   같은 사람의 말이나 행동이 앞뒤가 서로 맞지 아니하고 모순됨.

▸ 자가비하(自家卑下)   스스로 자기를 낮춤.

▸ 자강불식(自口不息)   스스로 힘써 몸과 마음을 가다듬어 쉬지 아니함.

▸ 자격지심(自激之心)   자기가 한 일에 대하여 스스로 미흡하게 여기는 마음.

미흡하다:아직 흡족하지 못하거나 만족스럽지 아니하다.

▸ 자급자족(自給自足)   필요한 물자를 스스로 생산하여 충당함.

▸ 자수성가(自手成家)   물려받은 재산이 없이 자기 혼자의 힘으로 집안을 일으키고 재산을 모음.

▸ 자업자득(自業自得)   자기가 저지른 일의 결과를 자기가 받음.

▸ 자유분방(自由奔放)   격식이나 관습에 얽매이지 아니하고 행동이 자유로움.

격식(格式):격에 맞는 일정한 방식.

▸ 자자손손(子子孫孫)   자손의 여러 대(代).

▸ 자초지종(自初至終)   처음부터 끝까지의 과정.

▸ 자포자기(自暴自棄)   절망에 빠져 자신을 스스로 포기하고 돌아보지 아니함.

▸ 작심삼일(作心三日)   단단히 먹은 마음이 사흘을 가지 못한다는 뜻으로, 결심이 굳지 못함을 이르는 말.

▸ 장유유서(長幼有序)   오륜의 하나. 어른과 어린이 사이의 도리는 엄격한 차례가 있고 복종해야 할 질서가 있음을 이른다.

관용구

빈 칸에 알맞은 낱말을 쓰시오.

1) | ㅈ | 리 | 에 눕다.
   - 누워서 앓다.

2) | | 끓듯 하다.
   - 화나 분통 따위의 감정을 참지 못하여 마음속이 부글부글 끓어오르다.

3) | | 래 | 를 약속하다.
   - 결혼할 것을 언약하다.

4) | 자 | 머 | 리 | 를 굴리다.
   - 머리를 써서 얕은꾀를 생각해 내다.

5) | | 가 되다.
   - 일이나 생각 따위가 모두 허사가 되다.

고유어

밑줄 친 낱말의 알맞은 뜻을 찾아 번호를 쓰시오.

1) <u>잔걱정</u>하는 것은 시간낭비다. (   )

2) 수지는 <u>주전부리</u>로 쿠키를 먹었다. (   )

3) <u>줄줄이</u> 딸을 낳았다. (   )

4) 인사를 하지 않았다고 <u>지청구</u>를 들었다. (   )

5) <u>지름길</u>을 알고 있어 다행이었다. (   )

6) 영호는 <u>짜장</u> 사실인 것처럼 속삭였다. (   )

7) <u>주저리주저리</u> 이야기하는 것을 듣고 있어야 했다. (   )

① 자질구레한 걱정.
② 맛이나 재미, 심심풀이로 먹는 음식.
③ 줄지어 잇따라.
④ 꾸지람.
⑤ 너저분하게 이것저것 끊임없이 이야기하는 모양.
⑥ 과연 정말로.
⑦ 멀리 돌지 않고 가깝게 질러 통하는 길.

속담

속담의 뜻을 찾아 연결하시오.

1) 저녁 굶은 시어미 상.   ●

2) 젖 먹던 힘이 다 든다.   ●

3) 제가 제 무덤을 판다.   ●

4) 장님 코끼리 말하듯.   ●

5) 장미꽃에는 가시가 있다.   ●

6) 주는 떡도 못 받아먹는다.   ●

● ㉠ 무슨 일이 몹시 힘듦을 비유적으로 이르는 말.

● ㉡ 스스로 자신을 망치는 어리석은 짓을 함을 비유적으로 이르는 말.

● ㉢ 아주 못마땅하여 얼굴을 잔뜩 찌푸리고 있는 모양을 비유적으로 이르는 말.

● ㉣ 제가 받을 수 있는 복도 멍청하게 놓친다는 말.

● ㉤ 일부분을 알면서도 전체를 아는 것처럼 여기는 어리석음을 이르는 말.

● ㉥ 사람이 겉으로 좋고 훌륭하여 보여도 남을 해롭게 할 수 있는 요소를 가지고 있어 상대편이 해를 입을 수 있음을 비유적으로 이르는 말.

한자성어

보기를 보고 빈칸에 알맞은 말을 쓰시오.

1) 대말을 타고 놀던 벗이라는 뜻으로, 어릴 때부터 같이 놀며 자란 벗.

2) 스스로 힘써 몸과 마음을 가다듬어 쉬지 아니함.

3) 격식이나 관습에 얽매이지 아니하고 행동이 자유로움.

4) 달리는 말에 채찍질한다는 뜻으로, 잘하는 사람을 더욱 장려함을 이르는 말.

5) 물려받은 재산이 없이 자기 혼자의 힘으로 집안을 일으키고 재산을 모음.

6) 단단히 먹은 마음이 사흘을 가지 못한다는 뜻으로, 결심이 굳지 못함을 이르는 말.

7) 뭇사람의 말을 막기가 어렵다는 뜻으로, 막기 어려울 정도로 여럿이 마구 지껄임을 이르는 말.

8) 주인과 손의 위치가 서로 뒤바뀐다는 뜻으로, 사물의 경중·선후·완급 따위가 서로 뒤바뀜을 이르는 말.

보기   작심삼일 자수성가 주객전도 주마가편
      자강불식 자유분방 죽마고우 중구난방

어휘 탐구

빈 칸에 알맞은 말을 쓰시오.

1) ☐ 포 을 줄였다.
   • 걸음을 걸을 때 앞발 뒤축에서 뒷발 뒤축까지의 거리.

2) 일정이 늦어지자 수민은 재 촉 하기 시작했다.
   • 어떤 일을 빨리하도록 조름.

3) 여기 저기 다 구 메 ㄴ ㅅ 다.
   • 작은 규모로 짓는 농사.

4) 그녀가 기 겁 했다.
   • 숨이 막힐 듯이 갑작스럽게 겁을 내며 놀람.

5) ㅅ 파 에 고생했다.
   • 모질고 거센 세상의 어려움.

6) 머 거 국물을 바라보았다.
   • 깨끗하게 맑지 아니하고 약간 흐린 듯하다.

7) 어떻게 된 여 무 인지 알 수 없었다.
   • 일이 돌아가는 형편이나 그 까닭.

8) 드디어 그 서류를 발 송 했다.
   • 물건, 편지, 서류 따위를 우편이나 운송 수단을 이용하여 보냄.

9) 머 쩍 웃음을 지어보였다.
   ① 하는 짓이나 모양이 격에 어울리지 않다. ② 어색하고 쑥스럽다.

10) 시 바 을 꾸몄다.
   • 신랑, 신부가 거처하도록 새로 꾸민 방.

11) 동생은 머 ☐ 다.
   • 욕심이 많고 음충맞은 사람을 이르는 말.

12) 요 어 공부를 해야겠다.
   • 문장에서 서술어의 기능을 하는 동사, 형용사를 통틀어 이르는 말.

13) 으 ㄹ 장 을 놓았다.
• 말과 행동으로 위협하는 짓.

14) 그 광경은 자 과 이었다.
• 훌륭하고 장대한 광경.

15) ㄱ 후 변화가 심한 편이니 참고하세요.
• 기온, 비, 눈, 바람 따위의 대기 상태.

16) 그는 ㅈ 변 이 이었다.
• 둘 이상의 이질적인 사회나 집단에 동시에 속하여 양쪽의 영향을 함께 받으면서도, 그 어느 쪽에도 완전하게 속하지 아니하는 사람.

17) ㅇ 해 과 계 를 조정했다.
• 서로 이해가 걸려 있는 관계.

18) 그는 ㅌ 자 에 성공했다.
• 이익을 얻기 위하여 어떤 일이나 사업에 자본을 대거나 시간이나 정성을 쏟음.

19) 이 장 바꾸어 생각해보렴.
• 당면하고 있는 상황.

20) 친구들과 여 할 을 준비했다.
• 참여자가 주어진 상황에서 특정 역할을 담당하여 연기하는 극.

21) 지 시 주 을 파악하고 결정하세요.
• 알고 있는 내용의 정도. 또는 공부해서 배운 정도.

22) 시 혀 가능한 방안을 모색해야 했다.
• 꿈, 기대 따위를 실제로 이룸.

23) 소윤이는 증조 할아버지의 이 조 을 지켰다.
• 죽음을 맞이함.

24) 그것은 스트레스 소 에 도움이 된다.
• 어려운 일이나 문제가 되는 상태를 해결하여 없애 버림.

어휘 수업 제9회

관용구 ....

ㅊ

▶ 찬물을 끼얹다   잘되어 가는 일에 뛰어들어 분위기를 흐리거나 공연히 트집을 잡아 헤살을 놓다.   **헤살**:일을 짓궂게 훼방함.

▶ 찬밥 더운밥 가리다   어려운 형편에 있으면서 배부른 행동을 하다. 예) 지금 <u>찬밥 더운밥 가릴</u> 때가 아니다.

▶ 창자가 끊어지다   슬픔이나 분노 따위가 너무 커서 참기 어렵다.

▶ 채찍을 가하다   충고, 격려 따위를 하다. 예) 이쯤 되면 <u>채찍을 가할</u> 때가 됐어.

▶ 천불이 나다   열기가 날 정도로 몹시 눈에 거슬리거나 화가 나다. 예) 그 이야기를 들으니 <u>천불이 난다</u>.

▶ 철퇴를 맞다   엄한 처벌을 받다. 예) 그렇게 나쁜 행동을 하더니 드디어 <u>철퇴를 맞는구나</u>.

▶ 철판을 깔다   체면이나 염치를 돌보지 아니하다. 예) 그런 잘못을 하고도 반성할 줄 모르다니 <u>철판을 깔았어</u>.   **염치**(廉恥):체면을 차릴 줄 알며 부끄러움을 아는 마음.

▶ 첫 단추를 끼우다   새로운 과정을 출발하거나 일을 시작하다. 예) 무슨 일이든 <u>첫 단추를 끼우는</u> 것이 중요하다.

▶ 첫발을 떼다   어떤 일이나 사업의 시작에 들어서다. 예) 이제 겨우 <u>첫발을 떼는</u> 수준이다.

▶ 청운의 꿈   입신출세하려는 꿈을 비유적으로 이르는 말. 예) 그는 <u>청운의 꿈</u>을 안고 첫발을 디뎠다.   **입신출세**(立身出世): 성공하여 세상에 이름을 떨침.

▶ 초를 치다   한창 잘되고 있거나 잘되려는 일에 방해를 놓아서 일이 잘못되거나 시들해지도록 만들다. 예) 모두들 즐거워하고 있는데 괜한 말을 해서 <u>초를 쳤다</u>.

고유어 ....

ㅊ

▶ 차가워지다   ① 촉감이 서늘하고 썩 찬 느낌이 생기다. ② 인정이 없이 매정하거나 쌀쌀해지다.

▶ 차지다   ① 반죽이나 밥, 떡 따위가 끈기가 많다. ② 성질이 야무지고 까다롭고 빈틈이 없다.

▶ 찰흙   끈기가 있어 차진 흙. 예) <u>찰흙</u>으로 꽃을 만들었다.

▶ 천천히   동작이나 태도가 급하지 아니하고 느리게. 예) 서두르지 말고 <u>천천히</u> 가라.

▶ 철다툼   철을 놓치지 아니하려고 서둘러 대는 일.

▶ 추스르다   ① 추어올려 다루다. ② 몸을 가누어 움직이다. 예) 몸을 <u>추스르고</u> 기운내라.

▶ 출렁거리다   물 따위가 큰 물결을 이루며 자꾸 흔들리다. 예) <u>출렁거리는</u> 파도.

▶ 치근거리다   성가실 정도로 은근히 자꾸 귀찮게 굴다. 예) 바쁜 사람에게 <u>치근거리고</u> 있었다.   **은근히**:①야단스럽지 아니하고 꾸준하게.②정취가 깊고 그윽하게.③행동 따위가 함부로 드러나지 아니하고 은밀하게.

▶ 치다꺼리   ① 일을 치러 내는 일. ② 남의 자잘한 일을 보살펴서 도와줌.

▶ 치뜨다   눈을 위쪽으로 뜨다. 예) 현수는 눈을 <u>치뜨고</u> 강력하게 항의했다.

▶ 치렁치렁   길게 드리운 물건이 자꾸 이리저리 부드럽게 흔들리는 모양.

▶ 치사랑하다   손아랫사람이 손윗사람을 사랑하다. 예) 내리사랑은 있어도 <u>치사랑</u>은 없다.

▶ 칙칙하다   빛깔이나 분위기 따위가 산뜻하거나 맑지 아니하고 컴컴하고 어둡다.

속담

ㅊ

▸ **차면 넘친다**　너무 정도에 지나치면 도리어 불완전하게 된다는 말.

▸ **찬물도 위아래가 있다**　무엇에나 순서가 있으니, 그 차례를 따라 하여야 한다는 말.

▸ **참는 자에게 복이 있다**　억울하고 분한 일이 있어도 필요에 따라서는 참고 견디는 것이 상책임을 이르는 말.

▸ **참새가 방앗간을 그저 지나랴**　① 욕심 많은 사람이 이끗을 보고 가만있지 못한다는 말. ② 자기가 좋아하는 곳은 그대로 지나치지 못함을 비유적으로 이르는 말.

▸ **참새를 볶아 먹었나**　말이 빠르고 몹시 재잘거리기를 잘함을 비유적으로 이르는 말.

▸ **처삼촌 뫼에 벌초하듯**　일에 정성을 들이지 아니하고 마지못해 건성으로 함을 비유적으로 이르는 말.

▸ **천 리 길도 한 걸음부터**　무슨 일이나 그 일의 시작이 중요하다는 말.

▸ **첫술에 배부르랴**　어떤 일이든지 단번에 만족할 수는 없다는 말.

▸ **초록은 동색**　풀색과 녹색은 같은 색이라는 뜻으로, 처지가 같은 사람들끼리 한패가 되는 경우를 비유적으로 이르는 말.

상책(上策): 가장 좋은 대책이나 방책.

이끗: 재물의 이익이 되는 실마리.

한자성어

ㅊ

▸ **차일피일**(此日彼日)　이 날 저 날 하고 자꾸 기한을 미루는 모양.

▸ **천고마비**(天高馬肥)　하늘이 높고 말이 살찐다는 뜻으로, 하늘이 맑아 높푸르게 보이고 온갖 곡식이 익는 가을철을 이르는 말.

▸ **천군만마**(千軍萬馬)　아주 많은 수의 군사와 군마를 이르는 말.

▸ **천근만근**(千斤萬斤)　무게가 천 근이나 만 근이 된다는 뜻으로, 아주 무거움을 비유적으로 이르는 말.

▸ **천기누설**(天機漏洩)　중대한 기밀이 새어 나감을 이르는 말.

▸ **천리안**(千里眼)　천 리 밖의 것을 볼 수 있는 안력(眼力)이라는 뜻으로, 사물을 꿰뚫어 볼 수 있는 뛰어난 관찰력을 비유적으로 이르는 말.

▸ **천만다행**(千萬多幸)　아주 다행함.

▸ **천방지축**(天方地軸)　① 못난 사람이 종작없이 덤벙이는 일. ② 너무 급하여 허둥지둥 함부로 날뜀.

▸ **천생연분**(天生緣分)　하늘이 정하여 준 연분.

▸ **천신만고**(千辛萬苦)　천 가지 매운 것과 만 가지 쓴 것이라는 뜻으로, 온갖 어려운 고비를 다 겪으며 심하게 고생함을 이르는 말.

▸ **천우신조**(天佑神助)　하늘이 돕고 신령이 도움.

연분(緣分): ① 서로 관계를 맺게 되는 인연. ② 하늘이 베푼 인연. ③ 부부가 되는 인연.

관용구

빈 칸에 알맞은 낱말을 쓰시오.

1) 첫 | 다 | ㅊ |를 끼우다.
- 새로운 과정을 출발하거나 일을 시작하다.

2) | ㅊ |를 치다.
- 한창 잘되고 있거나 잘되려는 일에 방해를 놓아서 일이 잘못되거나 시들하여지도록 만들다.

3) | 처 | | 이 나다.
- 열기가 날 정도로 몹시 눈에 거슬리거나 화가 나다.

4) | 차 | | 람 |을 일으키다.
- 차갑고 냉담한 태도를 드러내다.

5) | | ㅅ | 표 |를 던지다.
- 경기, 경쟁 따위에 참가 의사를 밝히다.

고유어

밑줄 친 낱말의 알맞은 뜻을 찾아 번호를 쓰시오.

1) 찰흙 놀이가 재미있다. (   )

2) 눈을 치뜨고 있었다. (   )

3) 천천히 가도 늦지 않다. (   )

4) 네 치다꺼리하는 것도 이제 지친다. (   )

5) 아래를 내려다보니 파도가 출렁거리고 있었다. (   )

6) 추레한 모습에 조금 놀랐다. (   )

7) 언제까지 천둥벌거숭이처럼 굴 거니? (   )

① 끈기가 있어 차진 흙.
② 동작이나 태도가 급하지 아니하고 느리게.
③ 남의 자잘한 일을 보살펴서 도와줌. 또는 그런 일.
④ 눈을 위쪽으로 뜨다.
⑤ 철없이 두려운 줄 모르고 함부로 덤벙거리거나 날뛰는 사람을 비유적으로 이르는 말.
⑥ 겉모양이 깨끗하지 못하고 생기가 없다.
⑦ 물 따위가 큰 물결을 이루며 자꾸 흔들리다.

속담

속담의 뜻을 찾아 연결하시오.

1) 참는 자에게 복이 있다 ●

2) 참새가 방앗간을 그저 지나랴 ●

3) 처삼촌 뫼에 벌초하듯 ●

4) 친구는 옛 친구가 좋고 옷은 새 옷이 좋다 ●

5) 침 발린 말 ●

6) 천 리 길도 한 걸음부터 ●

● ㉠ 억울하고 분한 일이 있더라도 필요에 따라서는 꼭 참고 견디는 것이 상책임을 이르는 말.

● ㉡ 일에 정성을 들이지 아니하고 마지못하여 건성으로 함을 비유적으로 이르는 말.

● ㉢ 친구는 오래 사귄 친구일수록 정이 두텁고 깊어서 좋다는 말.

● ㉣ 겉으로만 꾸며서 듣기 좋게 하는 말을 비유적으로 이르는 말.

● ㉤ 욕심 많은 사람이 이곳을 보고 가만있지 못한다는 말.

● ㉥ 무슨 일이나 그 일의 시작이 중요하다는 말.

한자성어

보기를 보고 빈칸에 알맞은 말을 쓰시오.

1) 아주 다행함. ☐

2) 하늘이 정하여 준 연분. ☐

3) 하늘 위와 하늘 아래라는 뜻으로, 온 세상을 이르는 말. ☐

4) 무게가 천 근이나 만 근이 된다는 뜻으로, 아주 무거움을 비유적으로 이르는 말. ☐

5) 중대한 기밀이 새어 나감을 이르는 말. ☐

6) 하늘이 돕고 신령이 도움. 또는 그런 일. ☐

7) 이 날 저 날 하고 자꾸 기한을 미루는 모양. ☐

8) 하늘이 높고 말이 살찐다는 뜻으로, 하늘이 맑아 높푸르게 보이고 온갖 곡식이 익는 가을철을 이르는 말. ☐

보기   천고마비   천기누설   천우신조   천근만근
       천만다행   차일피일   천상천하   천생연분

어휘 탐구

빈칸에 알맞은 말을 쓰시오.

1) ☐ 체 가 사라지고 말았다.
   • 물건의 생김새나 그 바탕이 되는 몸체.

2) ㅅ ☐ 어 은 이해하기 쉽다.
   • 뒤에 오는 말을 수식하거나 한정하기 위하여 첨가하는 관형사와 부사를 통틀어 이르는 말.

3) 일찍이 부모님을 여 의 ㄱ 친척과 살았다.
   • 부모나 사랑하는 사람이 죽어서 이별하다.

4) 거 ㅊ 가 불분명했다.
   • 일정하게 자리를 잡고 사는 일. 또는 그 장소.

5) ㅁ 찰 로 인해 표면이 상했다.
   • 두 물체가 서로 닿아 비벼짐.

6) 무더위가 ☐ 스 을 부리고 있다.
   • 기운이나 힘 따위가 성해서 좀처럼 누그러들지 않음. 또는 그 기운이나 힘.

7) 화장실이 바 화 저 으로 추정된다.
   • 화재 원인의 감식에서, 처음 화재가 일어난 자리.

8) 그것이 ☐ 과 해서는 안 된다.
   • 큰 관심 없이 대강 보아 넘김.

9) ㅈ 처 으로 뻗어 있다.
   • 매우 흔함.

10) 애 우 이 물러간다고 생각했다.
    • 액을 당할 운수.

11) 저 마 이 밝은 편이었다.
    • 앞날을 헤아려 내다봄. 또는 내다보이는 장래의 상황.

12) 방법은 ☐ ☐ ☐ ☐ 하다.
    • 끝이 없고 다함이 없음.

13) | ス | | 사 | 에 오르던 음식이었다.

  • 궁중에서, 임금에게 올리는 밥상을 높여 이르던 말.

14) | | ㅁ | 를 더해주는 재료다.

  • 음식의 고상한 맛.

15) | 처 | 며 | 하 | 하늘 아래

  • 날씨가 맑고 밝다.

16) | | 돌 | 위에 올라섰다.

  • 집채의 낙숫물이 떨어지는 곳 안쪽으로 돌려 가며 놓은 돌.

17) 종양을 | | 거 | 했다.

  • 없애 버림.

18) | 허 | 구 | 를 들어주는 것도 힘들었다.

  • 남의 흠을 들추어 헐뜯거나 험상궂은 욕을 함. 또는 그 욕.

19) | | 려 | 화 | 사회에 접어들었다.

  • 한 사회에서 노인의 인구 비율이 높은 상태로 나타나는 일.

20) 완전히 | | 료 | 되어 어떤 말도 귀에 들리지 않았다.

  • 사람의 마음이 완전히 사로잡혀 홀리게 함.

21) | | 화 | 은 생기지 않도록 하는 것이 좋다.

  • 어떤 일로 말미암아 뒷날 생기는 걱정과 근심.

22) 이른 아침부터 그들은 | | 화 | 를 나누고 있었다.

  • 서로 이야기를 주고받음.

23) 그는 | ㅎ | 대 | 에 이름을 남길 사람이다.

  • 뒤에 오는 세대나 시대.

24) 모든 | | 다 | 을 동원하라.

  • 어떤 목적을 이루기 위한 방법. 또는 그 도구.

어휘 수업 제10회

관용구

ㅋ

▶ 칼을 빼 들다   결함, 문제 따위를 해결하려고 하다. 예) 그 문제를 해결하기 위해 드디어 **칼을 빼들었다.**

▶ 칼자루를 잡다   어떤 일에 실제적인 권한을 가지다. 예) **칼자루를 잡고** 있으니 유리하다.

▶ 코가 빠지다   근심에 싸여 기가 죽고 맥이 빠지다. 예) 시험을 잘 보지 못해서 **코가 빠진** 모습이었다.

▶ 코가 꿰이다   약점이 잡히다. 예) 단단히 **코가 꿰여서** 아무 말도 하지 못했다.

▶ 코가 납작해지다   몹시 무안을 당하거나 기가 죽어 위신이 뚝 떨어지다.

▶ 코가 비뚤어지게   몹시 취할 정도로.

▶ 코를 빠뜨리다   못 쓰게 만들거나 일을 망치다. 예) 다 된 일에 **코를 빠뜨리다니!**

▶ 코 묻은 돈   어린아이가 가진 적은 돈. 예) 그것은 **코 묻은 돈**으로 산 선물이었다.

▶ 코웃음을 치다   남을 깔보고 비웃다. 예) 오히려 **코웃음을 치는** 것이 아닌가.

▶ 코피가 터지다   손해나 손실을 보다. 예) **코피가 터져봐야** 정신차리지.

▶ 콩나물 박히듯   무엇이 빼곡히 들어선 모양을 비유적으로 이르는 말.

▶ 키를 잡다   일이나 가야 할 곳의 방향을 잡다. 예) 드디어 형이 **키를 잡고** 문제를 해결하려고 했다.

> **무안**(無顔):수줍거나 창피하여 볼 낯이 없음.

고유어

ㅋ

▶ 칼바람   몹시 매섭고 독한 바람. 예) 밖에 **칼바람**이 쌩쌩 분다.

▶ 캑캑거리다   목구멍에 무엇이 걸리거나 숨이 막혀서 잇따라 '캑캑' 소리를 내다.

▶ 코바늘   한쪽 또는 양쪽 끝이 갈고리처럼 되어 있어 실을 걸 수 있도록 만든 뜨개바늘.

▶ 코주름   웃거나 얼굴을 찡그릴 때에 코에 잡히는 주름.

▶ 콜콜거리다   물 따위의 액체가 가는 줄기로 몰리어 흐르는 소리가 계속 나다.

▶ 콩닥하다   심리적인 충격을 받아 가슴이 세차게 뛰다.

▶ 콸콸   많은 양의 액체가 급히 쏟아져 흐르는 소리. 예) 수돗물이 **콸콸** 쏟아진다.

▶ 쿡쿡거리다   웃음이나 기침 따위가 갑자기 자꾸 나다. 예) 왜 자꾸 **쿡쿡거리고** 웃는 거니?

▶ 쿨렁쿨렁   큰 병이나 통 속에 다 차지 않은 액체가 자꾸 흔들리는 소리.

▶ 크나크다   사물이나 사건의 크기나 규모가 보통 정도를 훨씬 넘다.

▶ 큰마음   크고 넓게 생각하는 마음씨. 예) 속상했지만 **큰마음**을 가지려고 노력했다.

▶ 큰코다치다   크게 봉변을 당하거나 무안을 당하다. 예) 그러다가 정말 **큰코다친다!**

▶ 큼지막하다   꽤 큼직하다. 예) 꽤 상자가 **큼지막했다.**

▶ 키득거리다   웃음을 걷잡지 못하여 입 속으로 자꾸 웃다.

> **봉변**(逢變) : 뜻밖의 변이나 망신스러운 일을 당함.

속담

ㅋ

▶ 칼로 물 베기 — 다투었다가도 시간이 조금 지나 곧 사이가 다시 좋아지는 경우를 비유적으로 이르는 말.

▶ 콩 심은 데 콩 나고 팥 심은 데 팥 난다 — 모든 일은 근본에 따라 거기에 걸맞은 결과가 나타나는 것임을 비유적으로 이르는 말.

▶ 큰 고기는 깊은 물속에 있다 — 훌륭한 인물은 많은 사람들 속에 섞여 있어 잘 드러나지 아니함을 비유적으로 이르는 말.

▶ 큰북에서 큰 소리 난다 — 크고 훌륭한 데서라야 무엇이나 좋은 일이 생길 수 있음을 비유적으로 이르는 말.

ㅌ

▶ 타고난 팔자 — 날 때부터 지니고 있어서 평생 동안 작용하는 좋거나 나쁜 운수를 이르는 말.

▶ 태산이 평지 된다 — 자연이나 사회의 변화가 몹시 심함을 비유적으로 이르는 말.

▶ 털을 뽑아 신을 삼겠다 — 자신의 온 정성을 다하여 은혜를 꼭 갚겠다는 말.

운수(運數):이미 정하여져 있어 인간의 힘으로는 어쩔 수 없는 천운과 기수.

한자성어

ㅋ

▶ 쾌도난마(快刀亂麻) — 잘 드는 칼로 마구 헝클어진 삼 가닥을 자른다는 뜻으로, 어지럽게 뒤얽힌 사물을 강력한 힘으로 명쾌하게 처리함을 이르는 말.

ㅌ

▶ 타산지석(他山之石) — 본이 되지 않은 남의 말이나 행동도 자신의 지식과 인격을 수양하는 데에 도움이 될 수 있음을 비유적으로 이르는 말.

▶ 탁상공론(卓上空論) — 현실성이 없는 허황한 이론이나 논의.

▶ 탄탄대로(坦坦大路) — 험하거나 가파른 곳이 없이 평평하고 넓은 큰길.

▶ 탐관오리(貪官汚吏) — 백성의 재물을 탐내어 빼앗는, 행실이 깨끗하지 못한 관리.

▶ 태연자약(泰然自若) — 마음에 어떠한 충동을 받아도 움직임이 없이 천연스러움.

▶ 태평성대(太平聖代) — 어진 임금이 잘 다스리어 태평한 세상이나 시대.

▶ 토사구팽(□死狗烹) — 토끼가 죽으면 토끼를 잡던 사냥개도 필요 없게 되어 주인에게 삶아 먹히게 된다는 뜻으로, 필요할 때는 쓰고 필요 없을 때는 야박하게 버리는 경우를 이르는 말.

▶ 통운망극(痛隕罔極) — 그지없이 슬픔.

▶ 퇴고(推敲) — 글을 지을 때 여러 번 생각하여 고치고 다듬음.

수양(修養): 몸과 마음을 갈고닦아 품성이나 지식, 도덕 따위를 높은 경지로 끌어올림.

문제로 실력 쌓기

관용구

빈 칸에 알맞은 낱말을 쓰시오.

1) ㅋ 가 꿰이다.
   - 약점이 잡히다.

2) 코가 뚤 ㅈㄱ .
   - 몹시 취할 정도로.

3) 코가 따 에 닿다.
   - 머리를 깊이 숙이다.

4) ㅋ 가 터지다.
   - 손해나 손실을 보다.

5) ㅋ 를 잡다.
   - 일이나 가야 할 곳의 방향을 잡다.

고유어

밑줄 친 낱말의 알맞은 뜻을 찾아 번호를 쓰시오.

1) 칼바람이 쌩쌩 불고 있었다. (   )

2) 코바늘 몇 개를 선물 받았다. (   )

3) 가슴이 콩닥거려서 못살겠네. (   )

4) 떡이 꽤 큼직막하다. (   )

5) 친구가 자꾸면 옆에서 키들거렸다. (   )

6) 물이 콸콸 쏟아지고 있었다. (   )

7) 시루떡의 켜를 바라보았다. (   )

① 몹시 매섭고 독한 바람.
② 많은 양의 액체가 급히 쏟아져 흐르는 소리.
③ 포개어진 물건의 하나하나의 층.
④ 심리적인 충격을 받아 가슴이 세차게 뛰다.
⑤ 꽤 큼직하다.
⑥ 웃음을 걷잡지 못하여 입 속으로 자꾸 웃다
⑦ 한쪽 또는 양쪽 끝이 갈고리처럼 되어 있어 실을 걸 수 있도록 만든 뜨개바늘.

속담

속담의 뜻을 찾아 연결하시오.

1) 칼로 물 베기. ●

2) 큰북에서 큰 소리 난다. ●

3) 티끌 모아 태산. ●

4) 타고난 팔자. ●

5) 콩 볶아 재미 낸다 ●

6) 태산이 평지 된다. ●

● ㉠ 크고 훌륭한 데서라야 무엇이나 좋은 일이 생길 수 있음을 비유적으로 이르는 말.

● ㉡ 날 때부터 지니고 있어서 평생 동안 작용하는 좋거나 나쁜 운수를 이르는 말.

● ㉢ 무슨 일을 하여 아기자기하게 재미를 봄을 비유적으로 이르는 말.

● ㉣ 다투었다가도 시간이 조금 지나 곧 사이가 다시 좋아지는 경우를 비유적으로 이르는 말.

● ㉤ 자연이나 사회의 변화가 몹시 심함을 비유적으로 이르는 말.

● ㉥ 아무리 작은 것이라도 모이고 모이면 나중에 큰 덩어리가 됨을 비유적으로 이르는 말.

한자성어

보기를 보고 빈칸에 알맞은 말을 쓰시오.

1) 글을 지을 때 여러 번 생각하여 고치고 다듬음. ☐

2) 험하거나 가파른 곳이 없이 평평하고 넓은 큰길. ☐

3) 마음에 어떠한 충동을 받아도 움직임이 없이 천연스러움. ☐

4) 백성의 재물을 탐내어 빼앗는, 행실이 깨끗하지 못한 관리. ☐

5) 어진 임금이 잘 다스리어 태평한 세상이나 시대. ☐

6) 필요할 때는 쓰고 필요 없을 때는 야박하게 버리는 경우를 이르는 말. ☐

7) 어지럽게 뒤얽힌 사물을 강력한 힘으로 명쾌하게 처리함을 이르는 말. ☐

8) 다른 산의 나쁜 돌이라도 자신의 산의 옥돌을 가는 데에 쓸 수 있다는 뜻으로, 본이 되지 않은 남의 말이나 행동도 자신의 지식과 인격을 수양하는 데에 도움이 될 수 있음을 비유적으로 이르는 말. ☐

보기   토사구팽 타산지석 태평성대 쾌도난마
       탄탄대로 탐관오리 태연자약 퇴고

61

어휘 탐구 ···

빈 칸에 알맞은 말을 쓰시오.

1) 이번 노 제 가 무엇인지 궁금합니다.
   - 논설이나 논문, 토론 따위의 주제나 제목.

2) 그것은 토 □ 를 통해 결정합시다.
   - 어떤 문제에 대하여 검토하고 협의함.

3) □ ㅅ ㅅ □ 을 할 수 없는 상황에 이르렀다.
   - 가지고 있는 생각이나 뜻이 서로 통함.

4) 그것은 새 □ 계 를 교란하는 요인이었다.
   - 어느 환경 안에서 사는 생물군과 그 생물들을 제어하는 제반 요인을 포함한 복합 체계.

5) ㅁ 부 □ 하 개발은 위험하다.
   - 분별이 없다.

6) 그런 □ □ 가 한 행동을 하고도 부끄러운지 모르는 거야?
   - 지각이 전혀 없다.

7) 금메달리스트에 피 저 할 만한 실력이야.
   - 능력이나 세력이 엇비슷하여 서로 맞서다.

8) 그의 주장은 □ ㅁ ㄴ 없었다.
   - 정당한 근거나 이유.

9) 몸을 호 사 시키더니 결국 병이 들었구나.
   - 혹독하게 일을 시킴.

10) 다 호 하 목소리로 말했다.
   - 결심이나 태도, 입장 따위가 과단성 있고 엄격하다.

11) 그 남자가 □ 스 에 묶여 있었다.
   - 죄인을 잡아 묶는 노끈.

12) 현재 소 환 절차를 밟는 중이다.
   - 포로나 불법으로 입국한 사람 등을 본국으로 도로 돌려보냄.

13) 다음 달에 │시│포│지│어│ 이 열린다.
- 특정한 문제에 대하여 두 사람 이상의 전문가가 서로 다른 각도에서 의견을 발표하고 참석자의 질문에 답하는 형식의 토론회.

14) │마│녀│서│ 을 한번 꼭 보고 싶다.
- 아주 추운 지방이나 높은 산지에 언제나 녹지 아니하고 쌓여 있는 눈.

15) 병의 │ │ │ 가 나타나고 있었다.
- 겉으로 나타나는 낌새.

16) │ │스│면│ 이 점점 더 높아지고 있었다.
- 바닷물의 표면.

17) 광산 │ │굴│ 준비로 분주했다.
- 땅을 파고 땅속에 묻혀 있는 광물 따위를 캐냄.

18) 그 운동은 │혀│애│수│화│ 에 도움이 된다.
- 동물 체내에서의 피의 순환.

19) │여│ㄱ│ 시간에는 무엇을 하세요?
- 일이 없어 남는 시간.

20) 그곳은 │치│수│ 지역이다.
- 물에 잠김.

21) 아마도 네 기획안이 │ㅊ│택│ 될 거야.
- 작품, 의견, 제도 따위를 골라서 다루거나 뽑아 씀.

22) 그 실체를 반드시 │파│아│ 해야 한다.
- 어떤 대상의 내용이나 본질을 확실하게 이해하여 앎.

23) 그 아이는 무척 │초│며│ 했다.
- 보거나 들은 것을 오래 기억하는 힘이 있음.

24) 저를 │ │처│ 해주셔서 감사합니다.
- 어떤 조건에 적합한 대상을 책임지고 소개함.

어휘 수업 제11회

관용구

ㅌ

▶ 탄력을 받다   점차 증가하거나 많아지다. 예) 일이 익숙해지자 속도에 탄력을 받아 빨리 끝냈다.

▶ 탈을 쓰다   ① 본색이 드러나지 않게 가장하다. ② 생김새나 하는 짓이 누구를 꼭 닮다.

▶ 탯줄 잡듯 하다   무엇을 잔뜩 붙잡다.

▶ 털끝도 못 건드리게 하다   조금도 손을 대지 못하게 하다. 예) 명수는 고양이를 <u>털끝도 못 건드리게 했다</u>.

▶ 토를 달다   어떤 말 끝에 그 말에 대하여 덧붙여 말하다. 예) 민수는 그가 하는 말에 자꾸 <u>토를 달았다</u>.

▶ 퇴짜를 놓다   물건이나 의견 따위를 받아들이지 아니하고 물리치다.

▶ 트집을 잡다   조그만 흠집을 들추어내거나 없는 흠집을 만들다. 예) 왜 <u>트집을 잡니</u>?

▶ 틀이 잡히다   격에 어울리게 틀이 갖추어지다. 예) 이제 프로젝트가 제법 <u>틀이 잡혔다</u>.

ㅍ

▶ 파김치가 되다   몹시 지쳐서 기운이 아주 느른하게 되다. 예) 격한 운동을 해서 <u>파김치가 되었다</u>.

▶ 파리를 날리다   영업이나 사업 따위가 잘 안되어 한가하다. 예) 한 달째 <u>파리만 날리는</u> 형편이다.

본색(本色): ① 본디의 빛깔이나 생김새. ② 본디의 특색이나 정체.

흠집: 흠이 생긴 자리나 흔적.

고유어

ㅌ

▶ 타고나다   어떤 성품이나 능력, 운명 따위를 선천적으로 가지고 태어나다. 예) <u>타고난</u> 재주.

▶ 타끈히   치사하고 인색하며 욕심이 많게.

▶ 타령   어떤 사물에 대한 생각을 말이나 소리로 나타내 자꾸 되풀이하는 일.

▶ 탈바꿈   원래의 모양이나 형태를 바꿈. 예) 예전의 남루한 모습을 멋진 모습으로 멋지게 <u>탈바꿈</u>했다.

▶ 탐탁하다   모양이나 태도, 또는 어떤 일 따위가 마음에 들어 만족하다.

▶ 태어나다   사람이나 동물이 형태를 갖추어 어미의 태(胎)로부터 세상에 나오다.

▶ 털레털레   단출한 몸으로 건들건들 걷거나 행동하는 모양. 예) <u>털레털레</u> 걷고 있는 민희.

▶ 토막길   원줄기에서 몇 갈래로 갈라져 나온 짤막한 길.

▶ 투미하다   어리석고 둔하다. 예) 평소 <u>투미한</u> 데다가 말도 어눌해서 걱정이다.

▶ 틈새   벌어져 난 틈의 사이. 예) 장롱 <u>틈새</u>에 열쇠가 떨어졌다.

▶ 틈서리   틈이 난 부분의 가장자리.

▶ 티적거리다   남의 흠이나 트집을 잡아 비위가 거슬리는 말로 자꾸 성가시게 굴다.

보풀: 종이나 헝겊 따위의 거죽에 부풀어 일어나는 몹시 가는 털.

속담

ㅍ

▶ 폭풍 전의 고요   무슨 변이 터지기 전에 잠깐 동안 고요함을 비유적으로 이르는 말.

▶ 품 안의 자식   자식이 어렸을 때는 부모의 뜻을 따르지만 자라서는 제 뜻대로 행동하려 함을 비유적으로 이르는 말.

▶ 피는 물보다 진하다   혈육의 정이 깊음을 이르는 말.

ㅎ

▶ 하나만 알고 둘은 모른다   사물의 한 측면만 보고 두루 보지 못한다는 뜻으로, 생각이 밝지 못하여 도무지 융통성이 없고 미련하다는 말.

▶ 하늘로 올라갔나 땅으로 들어갔나   별안간 아무도 모르게 사라져 버림을 비유적으로 이르는 말.

▶ 하늘은 스스로 돕는 자를 돕는다   하늘은 스스로 노력하는 사람을 성공하게 만든다는 뜻으로, 어떤 일을 이루기 위해서는 자신의 노력이 중요함을 이르는 말.

▶ 하늘을 보아야 별을 따지   어떤 성과를 거두려면 그에 상당한 노력과 준비가 있어야 한다는 말.

성과(成果): 이루어 낸 결실.

한자성어

ㅎ

▶ 학수고대(鶴首苦待)   학의 목처럼 목을 길게 빼고 간절히 기다림.

▶ 한단지몽(邯鄲之夢)   인생과 영화의 덧없음을 이르는 말.

▶ 한우충동(汗牛充棟)   짐으로 실으면 소가 땀을 흘리고, 쌓으면 들보에까지 찬다는 뜻으로, 가지고 있는 책이 매우 많음을 이르는 말.

▶ 함구무언(緘口無言)   입을 다물고 아무 말도 하지 아니함.

▶ 함흥차사(咸興差使)   심부름을 가서 오지 아니하거나 늦게 온 사람을 이르는 말.

▶ 해괴망측(駭怪罔測)   말할 수 없이 괴상하고 야릇함.

▶ 해어화(解語花)   말을 알아듣는 꽃이라는 뜻으로, 미인을 이르는 말.

▶ 행방불명(行方不明)   간 곳이나 방향을 모름.

▶ 허례허식(虛禮虛飾)   형편에 맞지 않게 겉만 번드르르하게 꾸밈. 또는 그런 예절이나 법식.

▶ 허송세월(虛送歲月)   하는 일 없이 세월만 헛되이 보냄.

▶ 허장성세(虛張聲勢)   실속은 없으면서 큰소리치거나 허세를 부림.

▶ 허허실실(虛虛實實)   허를 찌르고 실을 꾀하는 계책.

▶ 흥망성쇠(興亡盛衰)   흥하고 망함과 성하고 쇠함.

야릇하다: 무엇이라 표현할 수 없이 묘하고 이상하다.

허세(虛勢): 실속이 없이 겉으로만 드러나 보이는 기세.

문제로 실력 쌓기

관용구

빈 칸에 알맞은 낱말을 쓰시오.

1) 털 □ 도 못 건드리게 하다.
   - 조금도 손을 대지 못하게 하다.

2) □□ 를 놓다.
   - 물건이나 의견 따위를 받아들이지 아니하고 물리치다.

3) 트 □ 이 잡히다.
   - 격에 어울리게 틀이 갖추어지다.

4) □□ 를 날리다.
   - 영업이나 사업 따위가 잘 안되어 한가하다.

5) 타 □ 을 벗다.
   - 거짓으로 꾸민 모습을 버리고 본래의 모습을 드러내다.

고유어

밑줄 친 낱말의 알맞은 뜻을 찾아 번호를 쓰시오.

1) 그것은 타고난 재능이었다. (   )

2) 친구의 동생이 태어난 날이었다. (   )

3) 자꾸만 옆에 와서 티적거리는 것이 짜증이 났다. (   )

4) 그렇게 투미해서 어쩌려고 그래? (   )

5) 고양이를 키우면 터럭이 날리기 쉬우니 관리를 잘해야 한다. (   )

6) 책장 틈새에 장난감이 떨어져 있었다. (   )

7) 어느덧 꼬마에서 청소년으로 탈바꿈했다. (   )

① 어떤 성품이나 능력, 운명 따위를 선천적으로 가지고 태어나다.
② 원래의 모양이나 형태를 바꿈.
③ 벌어져 난 틈의 사이.
④ 사람이나 길짐승의 몸에 난 길고 굵은 털.
⑤ 어리석고 둔하다.
⑥ 남의 흠이나 트집을 잡아 비위가 거슬리는 말로 자꾸 성가시게 굴다.
⑦ 사람이나 동물이 형태를 갖추어 어미의 태(~)로부터 세상에 나오다.

속담

속담의 뜻을 찾아 연결하시오.

1) 품 안의 자식 ●

2) 피는 물보다 진하다 ●

3) 하나만 알고 둘은 모른다 ●

4) 팥으로 메주를 쑨대도 곧이듣는다 ●

5) 하늘을 보아야 별을 따지 ●

6) 하나를 듣고 열을 안다 ●

● ㉠ 혈육의 정이 깊음을 이르는 말.

● ㉡ 지나치게 남의 말을 무조건 믿는 사람을 놀림조로 이르는 말.

● ㉢ 자식이 어렸을 때는 부모의 뜻을 따르지만 자라서는 제 뜻대로 행동하려 함을 비유적으로 이르는 말.

● ㉣ 한마디 말을 듣고도 여러 가지 사실을 미루어 알아낼 정도로 매우 총기가 있다는 말.

● ㉤ 어떤 성과를 거두려면 그에 상당한 노력과 준비가 있어야 한다는 말.

● ㉥ 사물의 한 측면만 보고 두루 보지 못한다는 뜻으로, 생각이 밝지 못하여 도무지 융통성이 없고 미련하다는 말.

한자성어

보기를 보고 빈칸에 알맞은 말을 쓰시오.

1) 하는 일 없이 세월만 헛되이 보냄. ☐

2) 간 곳이나 방향을 모름. ☐

3) 말을 알아듣는 꽃이라는 뜻으로, '미인'을 이르는 말. ☐

4) 어진 어머니이면서 착한 아내. ☐

5) 어떤 사물이나 현상이 시작되어 나온 맨 처음을 비유적으로 이르는 말. ☐

6) 허를 찌르고 실을 꾀하는 계책. ☐

7) 학의 목처럼 목을 길게 빼고 간절히 기다림. ☐

8) 짐으로 실으면 소가 땀을 흘리고, 쌓으면 들보에까지 찬다는 뜻으로, 가지고 있는 책이 매우 많음을 이르는 말. ☐

> 보기
>
> 허송세월 허허실실 행방불명 효시
> 한우충동 학수고대 현모양처 해어화

어휘 탐구

빈 칸에 알맞은 말을 쓰시오.

1) 그는 [ㄱ][ ][우] 듯이 대꾸했다.
   - 섭섭하고 야속하여 마음이 언짢다.

2) 형의 [나][ ][하] 차림새가 창피했다.
   - 옷 따위가 낡아 해지고 차림새가 너저분하다.

3) [ ][장][르] 동물의 예를 들어보세요.
   - 영장목의 동물을 일상적으로 통틀어 이르는 말.

4) 아마도 [ㅇ][기][저] 인 관계 때문일 거야.
   - 생물체처럼 전체를 구성하고 있는 각 부분이 서로 밀접하게 관련을 가지고 있어서 떼어 낼 수 없는. 또는 그런 것.

5) 두려움이 [어][스] 해왔다.
   - 감정, 생각, 감각 따위가 갑작스럽게 들이닥치거나 덮침.

6) 그 식물이 자라기에는 [처][바] 한 환경이었다.
   - 땅이 기름지지 못하고 몹시 메마르다.

7) 아직 [ ][ ] 가 갖추어지지 않은 상태였다.
   - 일정한 원리에 따라서 낱낱의 부분이 짜임새 있게 조직되어 통일된 전체.

8) [다][ ][하] 목소리였다.
   - 결심이나 태도, 입장 따위가 과단성 있고 엄격하다.

9) 그 분은 [귀][ ] 만 내세웠다.
   - 일정한 분야에서 사회적으로 인정을 받고 영향력을 끼칠 수 있는 위신.

10) 수민이는 목에 핏대를 세우며 [으][바] 질렀다.
   - 심하게 짓눌러 기를 꺾다.

11) 그 시조의 [조][장] 이 기억난다.
   - 세 개의 장으로 나누어진 악곡이나 시조의 마지막 장

12) 이른 새벽, [지][누][ ][ ] 가 휘날리고 있었다.
   - 비가 섞여 내리는 눈.

13) 세 ㄱ ⬚ 사 서 를 발행해주세요.
- 사업자가 물건을 사고팔 때 부가가치세 법에 따라 발행하는 영수증.

14) 처 ⬚ 사 ⬚ 에 홀로 걷고 있었다.
- 여러 산이 겹치고 겹친 산속.

15) 그의 ⬚ ⬚ 은 매우 높았다.
- 세상에 널리 퍼져 평판 높은 이름.

16) 이제 막 ㅊ ㄱ 를 완성했다.
- 초벌로 쓴 원고.

17) 요 야 하는 것이 너의 숙제다.
- 말이나 글의 요점을 잡아서 간추림.

18) 어떤 결과가 나올지 예 ㅊ 해보렴.
- 미리 헤아려 짐작함.

19) 그 약의 ⬚ ⬚ ⬚ 때문에 고생했다.
- 약이 지닌 그 본래의 작용 이외에 부수적으로 일어나는 작용.

20) 비가 많이 내려 강물이 ㅂ 라 했다.
- 큰물이 흘러넘침.

21) 이 ⬚ 표 를 유심히 봐주시기 바랍니다.
- 여러 가지 자료를 분석하여 그 관계를 일정한 양식의 그림으로 나타낸 표.

22) 그 소설은 인물간의 갈 ㄷ 이 인상적이었다.
- 소설이나 희곡에서, 등장인물 사이에 일어나는 대립과 충돌 또는 등장인물과 환경 사이의 모순과 대립을 이르는 말.

23) 집안을 ⬚ 따 이라도 내겠다는 것이냐?
- 살림이 망하여 거덜 난 상태.

24) 그가 겨 쩍 듯이 웃었다.
- 쑥스럽거나 미안하여 어색하다.

어휘 수업 제12회

관용구

ㅎ

▶ 하는 수 없이　　　어쩔 방법이나 도리 없이. 예) <u>하는 수 없이</u> 집에 가기로 결정했다.

▶ 하늘과 땅　　　둘 사이에 큰 차이나 거리가 있음을 비유적으로 이르는 말.

▶ 하늘 높은 줄 모르다 ① 자기의 분수를 모르다. ② 출세 가도를 치달리다.

▶ 하늘에 맡기다　　운명에 따르다. 예) 이제 <u>하늘에 맡기고</u> 기다리자.

▶ 하늘이 노래지다　　갑자기 기력이 다하거나 큰 충격을 받아 정신이 아찔하게 되다.

▶ 하늘이 두 쪽이 나도 아무리 큰 어려움이 있더라도. 예) <u>하늘이 두 쪽이 나도</u> 내 마음은 바뀌지 않을 것이다.

▶ 하루가 멀다고　　거의 매일같이 자주. 예) 그는 <u>하루가 멀다고</u> 나를 만나러 왔다.

▶ 하루에도 열두 번　　매우 빈번하게. 예) 얼마나 좋은지 <u>하루에 열두 번</u>은 생각난다.

▶ 하면 하고 말면 마는 식 꼭 해야 되겠다는 각오 없이 하고 싶으면 하고 하기 싫으면 안 하는 무사안일한 태도.

▶ 학을 떼다　　　괴롭거나 어려운 상황을 벗어나느라고 진땀을 빼거나, 그것에 거의 질려 버리다.

▶ 한 귀로 흘리다　　듣고도 마음에 두지 아니하고 무시하다. 예) 그의 말은 그저 <u>한 귀로 흘려버렸다.</u>

▶ 한낮이 기울다　　해가 점심때를 지나다. 예) <u>한낮이 기울도록</u> 돌아오지 않고 있다.

기력 (氣力) : 사람의 몸으로 활동할 수 있는 정신과 육체의 힘.

진땀 : 몹시 애쓰거나 힘들 때 흐르는 끈끈한 땀.

고유어

ㅍ

▶ 파고들다　　① 깊숙이 안으로 들어가다. ② 깊이 스며들다. ③ 비집고 들어가 발을 붙이다.

▶ 파들거리다　　자꾸 몸이 작게 바르르 떨리다. 또는 자꾸 몸을 작게 바르르 떨다.

▶ 판둥거리다　　아무 일도 하지 아니하고 빤빤스럽게 놀기만 하다.

▶ 팡파짐하다　　옆으로 퍼진 모양이 동그스름하게 꽤 넓적하거나 평평하게 꽤 널찍하다.

▶ 퍼붓다　　　비, 눈 따위가 억세게 마구 쏟아지다. 예) 지금 소나기가 <u>퍼붓고</u> 있다.

ㅎ

▶ 하루빨리　　　하루라도 빠르게. 예) <u>하루빨리</u> 만나고 싶다.

▶ 하잘것없다　　시시하여 해 볼 만한 것이 없다. 또는 대수롭지 아니하다.

▶ 하찮다　　　그다지 훌륭하지 아니하다. 예) <u>하찮은</u> 물건들을 치워버렸다.

▶ 한겨울　　　추위가 한창인 겨울. 예) <u>한겨울</u> 날씨가 참 춥다.

▶ 한결같다　　처음부터 끝까지 변함없이 꼭 같다. 예) <u>한결같이</u> 잘 보살펴주셔서 감사합니다.

▶ 할긋할긋　　곁눈으로 살짝 계속 할겨 보는 모양. 예) 뭘 그렇게 <u>할긋할긋</u> 보고 있니?

▶ 허드레　　　그다지 중요하지 아니하고 허름하여 함부로 쓸 수 있는 물건.

곁눈 : 얼굴은 돌리지 않고 눈알만 옆으로 굴려서 보는 눈.

속담

ㅎ

▸ 헌 옷이 있어야 새 옷이 있다   헌것이 있어야 새것이 좋은 줄을 알 수 있다는 말.

▸ 형만 한 아우 없다   모든 일에 있어 아우가 형만 못하다는 말.

▸ 호랑이 굴에 가야 호랑이 새끼를 잡는다   뜻하는 성과를 얻으려면 그에 마땅한 일을 하여야 함을 비유적으로 이르는 말.

▸ 호랑이 담배 피울 적   지금과는 형편이 다른 아주 까마득한 옛날을 이르는 말.

▸ 호랑이도 제 말 하면 온다   깊은 산에 있는 호랑이조차도 저에 대하여 이야기하면 찾아온다는 뜻으로, 어느 곳에서나 그 자리에 없다고 남을 흉보아서는 안 된다는 말.

▸ 호박꽃도 꽃이냐   예쁘지 않은 여자는 여자로 볼 수 없음을 이르는 말.

▸ 호박이 넝쿨째로 굴러떨어졌다   뜻밖에 좋은 물건을 얻거나 행운을 만났다는 말.

▸ 혹 떼러 갔다 혹 붙여 온다   자기의 부담을 덜려고 하다가 다른 일까지도 맡게 된 경우를 비유적으로 이르는 말.

부담(負擔):어떠한 의무나 책임을 짐.

한자성어

ㅎ

▸ 호구지책 (糊口之策) 가난한 살림에서 그저 겨우 먹고살아 가는 방책.

▸ 호사다마 (好事多魔) 좋은 일에는 흔히 방해되는 일이 많음.

▸ 호시탐탐 (虎視眈眈) 범이 눈을 부릅뜨고 먹이를 노려본다는 뜻으로, 남의 것을 빼앗기 위하여 형세를 살피며 가만히 기회를 엿봄.

▸ 호언장담 (豪言壯談) 호기롭고 자신 있게 말함. 또는 그 말.

▸ 호연지기 (浩然之氣) 하늘과 땅 사이에 가득 찬 넓고 큰 원기.

▸ 호의호식(好衣好食) 좋은 옷을 입고 좋은 음식을 먹음.

▸ 혹세무민(惑世誣民) 세상을 어지럽히고 백성을 미혹하게 하여 속임.

▸ 혼연일체 (渾然一體) 생각, 행동, 의지 따위가 완전히 하나가 됨.

▸ 홍익인간(弘益人間) 널리 인간을 이롭게 함.

▸ 홍일점(紅一點) ① 여럿 속에서 오직 하나 이채(異彩)를 띠는 것을 비유적으로 이르는 말.
② 많은 남자 사이에 끼어 있는 한 사람의 여자를 비유적으로 이르는 말.

▸ 화무십일홍 (花無十日紅) 열흘 동안 붉은 꽃은 없다는 뜻으로, 한 번 성한 것이 얼마 못 가서 반드시 쇠하여짐을 비유적으로 이르는 말.

방책(方策):방법과 꾀를 아울러 이르는 말.

미혹(迷惑):①무엇에 홀려 정신을 차리지 못함. ②정신이 헷갈리어 갈팡질팡 헤맴.

71

문제로 실력 쌓기

관용구

빈 칸에 알맞은 낱말을 쓰시오.

1) □하□ 높은 줄 모르다.
   - 자기의 분수를 모르다.

2) 하루가 □머□다□ㄱ.
   - 거의 매일같이 자주.

3) 한 □구□로 흘리다.
   - 듣고도 마음에 두지 아니하고 무시하다.

4) 한 □ㅂ□를 타다.
   - 운명을 같이하다.

5) □하□숨□을 돌리다.
   - 힘겨운 고비를 넘기고 좀 여유를 갖다.

고유어

밑줄 친 낱말의 알맞은 뜻을 찾아 번호를 쓰시오.

1) 동생은 판둥거리며 시간을 보내고 있었다. (   )

2) 밖에서는 비가 퍼붓고 있었다. (   )

3) 그 물건은 하찮게 보였다. (   )

4) 한결같은 관심에 감사드립니다. (   )

5) 하루빨리 쾌유하길 바랍니다. (   )

6) 지금은 한겨울이다. (   )

7) 파김치가 되도록 열심히 일했다. (   )

---

① 아무 일도 하지 아니하고 빤빤스럽게 놀기만 하다.
② 그다지 훌륭하지 아니하다.
③ 추위가 한창인 겨울.
④ 하루라도 빠르게.
⑤ 처음부터 끝까지 변함없이 꼭 같다.
⑥ 비, 눈 따위가 억세게 마구 쏟아지다.
⑦ 몹시 지쳐서 기운이 아주 느른하게 되다.

속담

속담의 뜻을 찾아 연결하시오.

1) 형만 한 아우 없다. ●

2) 호랑이도 제 말 하면 온다. ●

3) 헌 옷이 있어야 새 옷이 있다 ●

4) 혹 떼러 갔다 혹 붙여 온다. ●

5) 후추를 통째로 삼킨다. ●

6) 호박이 넝쿨째로 굴러떨어졌다. ●

● ㉠ 헌것이 있어야 새것이 좋은 줄을 알 수 있다는 말.

● ㉡ 모든 일에 있어 아우가 형만 못하다는 말.

● ㉢ 자기의 부담을 덜려고 하다가 다른 일까지도 맡게 된 경우를 비유적으로 이르는 말.

● ㉣ 속 내용은 모르고 겉 형식만 취하는 어리석은 행동을 비꼬는 말.

● ㉤ 뜻밖에 좋은 물건을 얻거나 행운을 만났다는 말.

● ㉥ 깊은 산에 있는 호랑이조차도 저에 대하여 이야기하면 찾아온다는 뜻으로, 어느 곳에서나 그 자리에 없다고 남을 흉보아서는 안 된다는 말.

한자성어

보기를 보고 빈칸에 알맞은 말을 쓰시오.

1) 세상을 어지럽히고 백성을 미혹하게 하여 속임.　　　☐

2) 널리 인간을 이롭게 함.　　　☐

3) 생각, 행동, 의지 따위가 완전히 하나가 됨.　　　☐

4) 좋은 옷을 입고 좋은 음식을 먹음.　　　☐

5) 하늘과 땅 사이에 가득 찬 넓고 큰 원기.　　　☐

6) 좋은 일에는 흔히 방해되는 일이 많음. 또는 그런 일이 많이 생김.　　　☐

7) 남의 것을 빼앗기 위하여 형세를 살피며 가만히 기회를 엿봄.　　　☐

8) 열흘 동안 붉은 꽃은 없다는 뜻으로, 한 번 성한 것이 얼마 못 가서 반드시 쇠하여짐을 비유적으로 이르는 말.　　　☐

보기	혹세무민　홍익인간　호사다마　호연지기
	혼연일체　호의호식　호시탐탐　화무십일홍

어휘 탐구

빈 칸에 알맞은 말을 쓰시오.

1) 환자를 급히 ｜호｜소｜ 하고 있었다.
   • 목적지까지 보호하여 운반함.

2) 불만을 ｜　｜ㄹ｜ 하고 나니 한결 마음이 가뿐해졌다.
   • 마음에 있는 것을 죄다 드러내어서 말하다.

3) 그 부부는 ｜그｜시｜ 이 좋았다.
   • 부부간의 사랑.

4) ｜질｜　｜　｜도｜ 의 시기를 겪고 있다.
   • 몹시 빠르게 부는 바람과 무섭게 소용돌이치는 물결.

5) 그 글의 ｜서｜로｜ 을 다시 읽어봐.
   • 말이나 글 따위에서 본격적인 논의를 하기 위한 실마리가 되는 부분.

6) 그 녀석의 ｜흉｜ㄱ｜ 를 미리 알아챘어야 했는데.
   • 흉악한 계략.

7) 반드시 불시에 ｜그｜스｜ 해야 한다.
   • 갑자기 공격함. 또는 그런 공격.

8) 그는 끝내 ｜ㅅ｜생｜ 이 없었다.
   • 자기가 낳은 아들이나 딸.

9) 상처를 줄 마음은 ｜ㅊ｜호｜ 도 없습니다.
   • 매우 적거나 조금인 것을 비유적으로 이르는 말.

10) 저 ｜ㅊ｜아｜　｜벼｜ 을 보라.
   • 몹시 험한 바위가 겹겹으로 쌓인 낭떠러지.

11) 어떻게 된 일인지 ｜자｜ㅊ｜　｜ 설명을 해보렴.
   • 처음부터 끝까지의 과정.

12) 그는 대놓고 ｜비｜　｜ 거렸다.
   • 남을 은근히 비웃는 태도로 자꾸 놀리다.

13) 드디어 목표를 [다|서] 했다.
   • 목적한 것을 이룸.

14) 그는 [비|노] 의 자식으로 태어났다.
   • 가난한 농가나 농민.

15) [해|] 이 빛나고 있었다.
   • 사방으로 뻗친 햇살.

16) 민주의 [유|녀] 은 행복하지 않았다.
   • 어린 나이나 때. 또는 어린 나이의 아이.

17) 무조건 [|바] 을 한다고 해결될 일이 아니다.
   • 다른 것을 본뜨거나 본받음.

18) 이것이 [시|비|다] 이다.
   • 가는 실로 짠 비단.

19) 그만 훗날을 [도|ㅁ] 하는 것이 좋겠습니다.
   • 어떤 일을 이루기 위하여 대책과 방법을 세움.

20) 다시금 [상|ㄱ] 해보세요.
   • 지난 일을 돌이켜 생각하여 냄.

21) 대충 [|리] 잡아 보았다.
   • 대강 짐작으로 헤아림.

22) 그것은 그의 [철|치] 이었다.
   • 바꾸거나 어길 수 없는 중요한 법칙.

23) 반드시 [ㅅ|시] 에 따라 작성하세요.
   • 증서, 원서, 신고서 따위와 같은 서류를 꾸미는 일정한 방식.

24) 그 녀석이 거리를 [화|보] 하고 있다는 것이 믿기지 않는군!
   • 큰 걸음으로 힘차고 당당하게 걸음.

1) 상당히 [ㄱ][ ][워] 적 발상이었다.

　• 생각이나 행동 따위의 수준이 높음. 또는 그런 것.

2) 좋은 자료라서 함께 [고][ ] 합니다.

　• 두 사람 이상이 한 물건을 공동으로 소유함.

3) [혀][태][ㅅ] 가 무엇인지 가르쳐줘.

　• 뜻을 가진 가장 작은 말의 단위.

4) 그녀는 [회][시] 의 미소를 지어보였다.

　• 마음에 흐뭇하게 들어맞음. 또는 그런 상태의 마음.

5) 그는 [ㅅ][자] 로 태어났다.

　• 양반과 양민 여성 사이에서 낳은 아들.

6) 당신의 [ ][햐] 은 어떠한지 궁금합니다.

　• 마음이 향하는 바. 또는 무엇을 하려는 생각.

7) 뒤뜰에서 [ ][기][ ] 이 났다.

　• 사람이 있음을 알 수 있게 하는 소리나 기색.

8) 수진이의 [토][ ][ ] 은 칭찬할 만했다.

　• 사물이나 현상을 통찰하는 능력.

9) 그동안 [ ][적] 되어온 양이 상당했다.

　• 지식, 경험, 자금 따위를 모아서 쌓음. 또는 모아서 쌓은 것.

10) 그 [ ][태] 를 조사하였습니다.

　• 있는 그대로의 상태. 또는 실제의 모양.

11) 그는 일용 [ ][ ][ ] 로 일하고 있다.

　• 육체노동을 하여 그 임금으로 살아가는 사람.

12) 관계 있는 것끼리 줄로 이으시오.

① 입술소리 ● ● ㉠ 두 입술이 붙었다가 떨어지며 나는 소리 ● ● ㉮ ㄷ,ㄸ,ㅌ,ㅅ,ㅆ,ㄴ,ㄹ

② 목청소리 ● ● ㉡ 혀끝이 윗잇몸에 붙었다가 떨어지며 나는 소리 ● ● ㉯ ㅂ,ㅃ,ㅍ,ㅁ

③ 잇몸소리 ● ● ㉢ 혓바닥이 센입천장에 붙었다 떨어지며 나는 소리 ● ● ㉰ ㅈ,ㅉ,ㅊ

④ 센입천장소리 ● ● ㉣ 혀의 뒷부분이 여린입천장에 붙었다 떨어지며 나는 소리 ● ● ㉱ ㄱ,ㄲ,ㅋ,ㅇ

⑤ 여린입천장
   소리 ● ● ㉤ 목청 사이에서 나는 소리 ● ● ㉲ ㅎ

13) 관계 있는 것끼리 줄로 이으시오.

① 파열음 ● ● ㉠ 허파에서 나오는 공기를 일단 막았다가 그 막은 자리를 터뜨리면서 내는 소리. ● ● ㉮ ㅈ,ㅉ,ㅊ

② 마찰음 ● ● ㉡ 허파에서 나오는 공기를 막았다가 서서히 터뜨리면서 마찰을 일으켜 내는 소리 ● ● ㉯ ㅅ,ㅆ,ㅎ

③ 파찰음 ● ● ㉢ 입안이나 목청 사이의 통로를 좁히고 공기를 그 좁은 틈 사이로 내보내어 마찰을 일으키며 내는 소리. ● ● ㉰ ㄱ,ㄲ,ㅋ,ㄷ,ㄸ,ㅌ,ㅂ, ㅃ,ㅍ

14) 관계 있는 것끼리 줄로 이으시오.

① 콧소리 ● ● ㉠ 입안의 통로를 막고 공기를 내보내며 내는 소리 ● ● ㉮ ㄹ

② 흐름소리 ● ● ㉡ 혀끝을 잇몸에 가볍게 대었다가 떼거나 잇몸에 댄 채 공기를 그 양옆으로 흘려보내며 내는 소리. ● ● ㉯ ㄴ,ㅁ,ㅇ

15) 관계 있는 것끼리 줄로 이으시오.

① 예사소리 ● ● ㉠ 더 크고 거친 느낌이 드는 소리. ● ● ㉮ ㄱ,ㄷ,ㅂ,ㅈ,ㅅ,ㅎ

② 된소리 ● ● ㉡ 가장 자연스럽게 내는 소리. ● ● ㉯ ㄲ,ㄸ,ㅃ,ㅉ,ㅆ

③ 거센소리 ● ● ㉢ 더 강하고 단단한 느낌이 드는 소리. ● ● ㉰ ㅋ,ㅌ,ㅍ,ㅊ

어휘력 키우기 02회

1. 밑줄 친 낱말의 뜻으로 알맞은 것을 고르시오.

1) 영호는 많은 고민을 한 끝에 드디어 고백하기로 결심했다. (   )
   ① 마음속에 생각하고 있는 것이나 감추어 둔 것을 사실대로 숨김없이 말함.
   ② 세상에 홀로 떨어져 있는 듯이 매우 외롭고 쓸쓸함.

2) 딱한 처지를 모르는 척 할 수는 없었다. (   )
   ① 처하여 있는 사정이나 형편.
   ② 애달프고 구슬프다.

3) 아버지는 언제나 정직이 가장 중요하다고 말씀하셨다. (   )
   ① 알려지지 않았거나 감춰져 있던 사실을 드러냄.
   ② 마음에 거짓이나 꾸밈이 없이 바르고 곧음.

4) 그것은 서로 밀접한 관계에 놓여 있다. (   )
   ① 아주 가깝게 맞닿아 있음. 또는 그런 관계에 있음.
   ② 나쁜 꾀로 남을 속임.

5) 강아지가 요즘 사료를 잘 먹는다. (   )
   ① 가축에게 주는 먹을거리.
   ② 끼니와 끼니 사이에 음식을 먹음. 또는 그 음식.

6) 감정을 숨기는 것이 쉬운 일은 아니다. (   )
   ① 자극이나 자극의 변화를 느끼는 성질.
   ② 어떤 현상이나 일에 대하여 일어나는 마음이나 느끼는 기분.

7) 저 붉은 항아리를 가져 오세요. (   )
   ① 아래위가 좁고 배가 부른 질그릇.
   ② 물이나 음료 따위를 따라 마시려고 만든 그릇.

8) 대낮에 이게 무슨 일이니? (   )
   ① 환히 밝은 낮.
   ② 날이 어두워진 지 얼마 되지 않은 때.

9) 잘 알지 못하면서 함부로 비방하지 마세요. (   )
   ① 남을 비웃고 헐뜯어서 말함.
   ② 사물의 옳고 그름을 판단하여 밝히거나 잘못된 점을 지적함.

10) 가축을 기르기 시작한 때는 언제였을까? (   )
   ① 산이나 들에서 저절로 나서 자람. 또는 그런 생물.
   ② 집에서 기르는 짐승. 소, 말, 돼지, 닭, 개 따위를 통틀어 이른다.

2. 빈칸에 알맞은 단어를 쓰시오.

1) 분명히 [조] 하고 있었다.
   • 현실에 실제로 있음. 또는 그런 대상.

2) [ㄷ|엄] 으로 땅을 기름지게 만들었다.
   • 풀, 짚 또는 가축의 배설물 따위를 썩힌 거름.

3) [노|사] 를 짓느라 매우 분주했다.
   • 곡류, 과채류 따위의 씨나 모종을 심어 기르고 거두는 따위의 일.

4) 원래 [|지] 이라서 그렇습니다.
   • 허약한 체질. 또는 그런 체질을 가진 사람.

5) 음식을 [가|고] 하는 방법 중 하나이다.
   • 원자재나 반제품을 인공적으로 처리하여 새로운 제품을 만들거나 제품의 질을 높임.

6) 보호 어류를 [나|획] 하고 있는 실정이다.
   • 짐승이나 물고기 따위를 마구 잡음.

7) 소문이 [짜] 퍼졌는데 아직 모르고 있었니?
   • 퍼진 소문이 왁자하다.

8) 도무지 해낼 [재|가] 이 없다.
   • 어떤 일을 할 수 있는 재주와 솜씨.

9) 도리어 [으|르] 을 놓고 있었다.
   • 말과 행동으로 위협하는 짓.

10) 지금의 [|려] 도 충분히 이겨낼 수 있습니다.
   • 겪기 어려운 단련이나 고비.

11) 그는 분명 [여] 이었다.
   • 지혜와 재능이 뛰어나고 용맹하여 보통 사람이 하기 어려운 일을 해내는 사람.

어휘력 키우기 03회

1. 다음 빈칸에 알맞은 말을 쓰시오.

1) 그는 끊임없이 자신의 [결 □]을 주장했다.

  • 행동이나 마음씨가 깨끗하고 조촐하여 아무런 허물이 없음.

2) 액체의 [□ 도]가 짙다.

  • 용액 따위의 진함과 묽음의 정도.

3) 그것은 양측의 교류를 [□ □ □ □] 방법이 될 것이다.

  • 사회나 조직 등의 기능이 활발하다. 또는 그러한 기능을 활발하게 하다.

4) 미리 힘을 [□ □] 해두는 것이 좋다.

  • 만약의 경우를 대비하여 미리 갖추어 모아 두거나 저축하다.

5) 화산이 [부 □] 했다.

  • 화산성 물질이 지구 내부에서 표면으로 방출되다. 비교적 단시간 내에 지표로 방출되는 일을 이른다.

6) 그들의 호의를 [뻐 리 ㅊ ㄱ] 어려웠다.

  • 권하거나 청하는 것을 힘차게 거절하다.

7) 쓰레기의 [ㅂ □]이 늘어났다.

  • 안에서 밖으로 밀어 내보냄.

8) 이 약의 [효 느]을 알고 싶습니다.

  • 효험을 나타내는 능력.

9) [□ 무 ㄱ]의 의견이 필요합니다.

  • 어떤 분야를 연구하거나 그 일에 종사하여 그 분야에 상당한 지식과 경험을 가진 사람.

10) 이번 방학 때 유명한 사람의 [새 □]에 다녀왔다.

  • 어떤 사람이 태어난 집.

11) 그곳에는 형사가 [자 보] 하고 있었다.

  • 드러나지 않게 숨음.

2. 빈칸에 알맞은 말을 쓰고 뜻이 통하는 것끼리 줄로 이으시오.

1) 귀 불 만 만진다.
  • 귓바퀴의 아래쪽에 붙어 있는 살.

2) 그 □□ 에 그 밥
  • 사람이 먹을 수 있는 풀이나 나뭇잎 따위를 통틀어 이르는 말.

3) 피는 물보다 □□□ .
  • 액체의 농도가 짙다.

4) 말로는 못할 □ 이 없다.
  • 사람의 생각이나 느낌 따위를 표현하고 전달하는 데 쓰는 음성 기호.

5) 누울 자리 봐 가며 □ 을 뻗어라.
  • 사람이나 동물의 다리 맨 끝부분.

6) 오는 말이 고와야 가는 말이 □□ .
  • 모양, 생김새, 행동거지 따위가 산뜻하고 아름답다.

7) □ 을 쌓았다 헐었다 한다.
  • 집이나 일정한 공간을 둘러막기 위하여 흙, 돌, 벽돌 따위로 쌓아 올린 것.

8) □ 배 ㄱ 보다 장맛이 좋다.
  • 찌개 따위를 끓이거나 설렁탕 따위를 담을 때 쓰는 오지그릇.

9) 뛰는 놈 위에 나는 □ 있다.
  • '남자'를 낮잡아 이르는 말.

10) 부뚜막의 소금도 집어넣어야 짜다.

11) 아이 보는 데는 찬물도 못 먹는다.

12) 뛰어야 □□ .
  • 벼룩목에 속하는 곤충을 통틀어 이르는 말.

㉠ 일을 손 써 볼 방도가 없어 되는 대로 두고 결과만을 기다림을 비유적으로 이르는 말.

㉡ 도망쳐 보아야 크게 벗어날 수 없다는 말.

㉢ 아이들은 보는 대로 모방하므로 아이들이 볼 때는 함부로 행동하거나 말을 하여서는 안 됨을 비유적으로 이르는 말.

㉣ 아무리 재주가 뛰어나다 하더라도 그보다 더 뛰어난 사람이 있다는 뜻으로, 스스로 뽐내는 사람을 경계하여 이르는 말.

㉤ 서로 격이 어울리는 것끼리 짝이 되었을 경우를 두고 이르는 말.

㉥ 실지 행동이나 책임이 뒤따르지 아니하는 말은 무슨 말이든지 다 할 수 있다는 말.

㉦ 이렇게도 궁리하여 보고 저렇게도 궁리하여 봄을 비유적으로 이르는 말.

㉧ 어떤 일을 할 때 그 결과가 어떻게 되리라는 것을 생각하여 미리 살피고 일을 시작하라는 말.

㉨ 상대편이 자기에게 말이나 행동을 좋게 하여야 자기도 상대편에게 좋게 한다는 말.

㉩ 겉모양은 보잘것없으나 내용은 훨씬 훌륭함을 이르는 말.

㉪ 혈육의 정이 깊음을 이르는 말.

㉫ 가까운 부뚜막에 있는 소금도 넣지 아니하면 음식이 짠맛이 날 수 없다는 뜻으로, 아무리 좋은 조건이 마련되었거나 손쉬운 일이라도 힘을 들이어 이용하거나 하지 아니하면 안 됨을 비유적으로 이르는 말.

어휘력 키우기 04회

1) 다음 빈칸에 알맞은 낱말을 쓰시오.

1) 이 작품은 개 서 이 뚜렷하다.
   - 다른 사람이나 개체와 구별되는 고유의 특성.

2) 어 휘 공부를 열심히 해야 한다.
   - 어떤 일정한 범위 안에서 쓰이는 단어의 수효. 또는 단어의 전체.

3) 그렇게 정호의 허 물 을 덮어주었다.
   - 잘못 저지른 실수.

4) 규칙적으로 나타나는 우 .
   - 시문의 음성적 형식. 음의 강약, 장단, 고저 또는 동음이나 유음의 반복으로 이루어진다

5) 저기 ㅅ ㅡ 기 가 자욱하다.
   - 기체 상태로 되어 있는 물.

6) 이 상황에 어울리는 소 다 은 무엇일까?
   - 예로부터 민간에 전하여 오는 쉬운 격언이나 잠언.

7) 이 소설은 생생한 시 ㅁ 사 가 돋보인다.
   - 소설 따위에서, 작중 인물의 심리 상태나 심리의 변화를 그려 내는 일.

8) 기억에 남는 과 요 .
   - 두 개 이상의 단어로 이루어져 있으면서 그 단어들의 의미만으로는 전체의 의미를 알 수 없는, 특수한 의미를 나타내는 어구.

9) 이 단어의 어 그 은 무엇일까?
   - 단어를 분석할 때, 실질적 의미를 나타내는 중심이 되는 부분.

10) 그 문제의 　　　 원인부터 파악하세요.
   - 내부적인. 또는 그런 것.

11) 민수는 요즘 　　　 을 읽고 있다.
   - 공연을 목적으로 하는 연극의 대본.

2) 다음 중 맞는 것에 동그라미 하고, 빈칸에 알맞은 낱말을 써서 뜻풀이를 완성하시오.

1) 그는 창피해서 몸을 (움추리고 / 움츠리고) 있었다.

- 몸이나 몸의 일부를 몹시 오그리어 | 자 | ㅇ | | | 하다.

2) 오늘이 (며칠 / 몇일)이니?

- 그달의 | 며 | 째 되는 날.

3) (첫번째/ 첫 번째) 문제부터 어려웠다.

4) 약효가 (금새 / 금세) 나타났다.

- 지금 바로. ' | 그 | 시 | 에 |'가 줄어든 말로 구어체에서 많이 사용된다.

5) 마지막으로 그를 만난 때는 (제작년 / 재작년) 겨울이었다.

- 지난해의 바로 | 저 | 해.

6) 바닥에 장난감들이 (널부러져 / 널브러져) 있었다.

- 너저분하게 흐트러지거나 | | 어 | 지다.

7) 그는 나이가 많은데 (더욱이 / 더우기) 건강도 좋지 않았다.

- 그러한 데다가 | ㄷ | .

8) (덤터기 / 덤테기)를 쓰고 억울해서 잠이 오지 않을 지경이었다.

- 남에게 넘겨씌우거나 남에게서 넘겨받은 | 허 | | 이나 걱정거리.

9) 혜주는 (굼벵이 / 굼뱅이)이라서 분명 늦게 올 거야.

- 동작이 굼뜨고 | 느 | 리 | 사물이나 사람을 비유적으로 이르는 말.

10) 예의 없는 행동은 (삼가해야 / 삼가야) 한다.

- 몸가짐이나 언행을 | 조 | 시 | 하다.

11) 막내 동생은 (개구쟁이 / 개구장이).

- 심하고 짓궂게 | 장 | 나 | 을 하는 아이.

밑줄 친 부분을 하나의 낱말로 바꾸시오.

1) 오후에 강하고 세찬 비가 내리기 시작했다.

	한

2) 그것이 보통과 구별되게 다른 이유라도 있니?

	별	하

3) 진아는 새로운 것을 생각해내는 능력이 뛰어났다.

창		려

4) 일정한 사물에만 있는 특수한 성질을 알면 해석이 쉬울 것이다.

	서

5) 그 말은 전화나 전신 따위의 신호로 상대편을 부르는 일을 뜻해.

	출

6) 그 책을 읽고 민희는 크게 느끼어 마음이 움직였다.

가	도		다

7) 넉넉하고 많은 결실을 맺으시길 바랍니다.

풍		

8) 그 식물은 약을 짓는 데 쓰는 재료로 쓰인다.

약	

9) 소희는 겁을 주며 압력을 가하여 남에게 억지로 어떤 일을 하도록 했다.

			다

10) 경아는 동생이 저지른 잘못한 일에 대해 꾸짖거나 벌하지 아니하고 덮어주는 것에 관해서 다시 생각했다.

	ㅅ

11) 마을 사람들은 <u>남을 동장하는 따뜻한 마음</u>이 있었다.

이	정

12) 그는 <u>손가락으로 더듬어 읽도록 만든 시각 장애인용 문자</u>를 알고 있다.

	ㅈ

13) <u>농업, 공업, 발전용 따위의 자원이 되는 물</u>의 관리는 철저해야 한다.

ㅅ	ㅈ	원

14) 여러 갈래로 <u>갈라져 흩어져</u> 배치되었다.

부	사

15) <u>문서에서 주가 되는 글</u>을 유심히 살펴봐야 한다.

보	무

16) <u>들인 노력과 얻은 결과의 비율이 높은 특성</u>을 극대화해야 한다.

	ㅇ	서

17) <u>두 가지 이상이 합쳐 있는</u> 요인 때문이다.

보		저

18) <u>공정하지 못하고 한쪽으로 치우친</u> 생각은 도움이 되지 않는다.

펴	겨

어휘력 키우기 06회

다음은 밑줄 친 낱말을 풀이한 것이다. 빈칸에 알맞은 말을 쓰시오.

1) 그는 소개받은 <u>결합</u>했다.
   - 둘 이상의 사물이나 사람이 서로 관계를 맺어 | ㅎ | 나 | 가 됨.

2) 실질적인 소유주는 따로 있다.
   - 실제로 있는 | 보 | ㅂ | 타 | 과 같거나 그것에 근거하는. 또는 그런 것.

3) 만병의 <u>근원</u>이 무엇일까요?
   - 사물이 비롯되는 | | 보 | 이나 원인.

4) <u>몰매</u>를 맞고 그만 정신을 잃고 말았다.
   - 여러 사람이 한꺼번에 덤비어 때리는 | ㅁ |.

5) 감독이 삼엄했다.
   - 일이나 사람 따위가 잘못되지 아니하도록 살피어 | 다 | 소 | 함.

6) 너무 많이 <u>훼손</u>되어서 수리가 불가능할 것 같아요.
   - 헐거나 | ㄲ | ㄸ | 려 | 못 쓰게 만듦.

7) <u>승인</u>이 받으려면 좀 더 기다려야 할 것 같아요.
   - 어떤 사실을 | 마 | 따 | 하다고 받아들임.

8) <u>가갸날</u>의 의미를 알고 있니?
   - ' | 한 | | | '의 처음 이름.

9) 언어 <u>순화</u>.
   - 잡스러운 것을 걸러서 | 수 | ㅅ | 하게 함.

86

10) 율령을 반포했다.

• 세상에 널리 퍼뜨려 모두 [아][게] 함.

11) 그가 병원에 실려왔을 때 이미 <u>초주검</u>이었다.

• 두들겨 맞거나 병이 깊어서 거의 다 [죽][기] 된 상태.

12) <u>겨릅대</u> 뭉치를 모아서 가져오너라.

• 껍질을 벗긴 [사][ ].

13) <u>독자</u>의 이해를 돕기 위한 해설이 따로 있다.

• 책, 신문, 잡지 따위의 글을 [읽][는] 사람.

14) <u>자원</u>은 풍부한 것이 가장 큰 장점이다.

• 인간 생활 및 경제 생산에 이용되는 [원][료] 로서의 광물, 산림, 수산물 따위를 통틀어 이르는 말.

15) <u>살포시</u> 눈을 감고 생각해보았다.

• 포근하게 [사][며][ ].

16) 이 표현이 바로 <u>직유법</u>을 사용한 예다.

• 비슷한 성질이나 모양을 가진 두 사물을 '[같][ ]', '처럼', '듯이'와 같은 연결어로 결합하여 직접 비유하는 수사법.

17) <u>달갑잖은</u> 얼굴을 보자니 영 기분이 좋지 않았다.

• 거리낌이나 [불][만] 이 있어 마음이 흡족하지 아니하다.

18) 오늘 공부할 내용은 <u>음운</u>이다.

• 말의 뜻을 구별하여 주는 소리의 가장 [작][으][ ] 단위.

다음 중 맞는 것에 동그라미하세요.

1) 접시에 놓인 배에 (이자국/잇자국)이 선명하다.

　　① 이로 물었던 자국. ② 이로 물렸던 ☐ 국.

2) (나룻배/나루배)를 타고 강을 건너던 추억이 되살아났다.

　　• 나루와 나루 사이를 오가며 사람이나 짐 따위를 실어 나르는 작은 ☐ ㅂ.

3) (베개잇/베갯잇)을 적시며 혼자 우는 밤.

　　• 베개의 겉을 덧씌워 시치는 ☐허☐겉.

4) 업무가 다 끝나고도 (가욋일/가외일)을 시키니 짜증이 났다.

　　• 필요 ☐바☐ 의 일.

5) 싱싱한 (조갯살/조개살)이 들어가 더욱 맛있다.

　　• 조개의 ☐사☐.

6) 2월 (사흘날/사흗날)에 전화하기로 약속했다.

　　• ☐ 째 날.

7) 오랜만에 그들은 그녀의 (아뜰리에/아틀리에)를 찾았다.

　　① 사진관의 촬영실. ② 특정한 스승을 중심으로 한 ☐술☐ㄱ 의 집단.

8) 노동의 (댓가 /대가)로 받고 있다.

　　• 일을 하고 그에 대한 값으로 받는 ☐ ㅅ.

9) (아무튼/아뭏든) 그건 내일 이야기하자.

　　• 의견이나 일의 성질, 형편, 상태 따위가 어떻게 ☐어☐이☐든.

10) 짜장면 (곱빼기 / 곱배기).

　　• 음식에서, ☐ㄷ 그릇의 몫을 한 그릇에 담은 분량.

11) 그 잡지를 (다달이/달달이) 구독하여 보고 있었다.

　　• ☐다 마다.

12) (눈곱 / 눈꼽)이 잔뜩 끼어 있었다.

  • 눈에서 나오는 진득진득한 | 애 | . 또는 그것이 말라붙은 것.

13) 유리 (재떨이/ 재털이).

  • | 다 | | 재 | 를 떨어 놓는 그릇.

14) 돼지 (비계/비개).

  • 승, 특히 돼지의 가죽 안쪽에 두껍게 붙은 허연 | 기 | 르 | 조각.

15) 살림이 (단출합니다 / 단촐합니다).

  • 식구나 구성원이 많지 않아서 | 호 | | 부 | 하다. 일이나 차림차림이 간편하다.

16) 오래 양치를 하다가 (양칫물/양치물)을 뱉었다.

  • | 양 | 치 | 할 때에 쓰는 물.

17) (툇간/퇴간)이 무슨 뜻인지 아니?

  • 안둘렛간 밖에다 딴 기둥을 세워 만든 | 카 | 살 | .

18) 냇가에서 (돌멩이 / 돌맹이)를 주웠다.

  • 돌덩이보다 작은 | 도 | .

19) (칠흑 / 칠흙) 같은 밤.

  • 옻칠처럼 | 거 | 고 | 광택이 있음. 또는 그런 빛깔.

20) 새로 산 (네비게이션 /내비게이션)이 마음에 든다.

  • 지도를 보이거나 | 지 | 르 | | 을 찾아 주어 자동차 운전을 도와주는 장치나 프로그램.

21) (헝겊 / 헝겁)으로 만들었습니다.

  • | | ㅍ | 의 조각.

22) (수캉아지 / 수강아지) 한 마리.

  • 강아지의 | ㅅ | | .

89

다음은 밑줄 친 낱말을 풀이한 것이다. 빈칸을 알맞은 단어로 쓰시오.

1) 그는 <u>공상</u>에 빠져 있었다.

 • 현실적이지 못하거나 실현될 | 가 | 마 | 이 없는 것을 막연히 그리어 봄. 또는 그런 생각.

2) 생각이 바뀐 나는 그것을 <u>재해석</u> 해보기로 했다.

 • 옛것을 새로운 | 과 | 저 | 에서 다시 해석함.

3) 이것은 직접 만든 <u>삿자리</u>입니다.

 • | 가 | 대 | 를 엮어서 만든 자리.

4) 그것들을 <u>통칭</u>하면 무엇이라고 부르면 좋을까?

 • 일반적으로 | 너 | 리 | 이름. 또는 그런 이름이나 언설.

5) <u>파손</u>된 물품은 보상하여 드리니 걱정하지 마십시오.

 • | 끄 | 어 | 　 | 못 쓰게 됨. 또는 깨뜨려 못 쓰게 함.

6) 그것의 <u>사례</u>를 들면 더 이해하기 쉬울 것입니다.

 • 어떤 일이 전에 실제로 일어난 | 으 |.

7) 저 작품의 <u>구도</u>가 참 멋지다.

 • 그림에서 모양, 색깔, 위치 따위의 | 짜 | 이 | ㅅ |.

8) <u>밥값</u>은 보태고 싶은 심정이었다.

 • 밥을 먹는 데 드는 | 갑 |.

9) 그것이 그의 <u>인생관</u>이었다.

 • | 이 | 새 | 의 의의, 가치, 목적 따위에 대한 관점이나 견해.

10) 책을 읽으며 얻는 <u>교훈</u>이 도움이 된다.

　　• 앞으로의 행동이나 생활에 지침이 될 만한 것을 | 가 | 르 | 치 |. 또는 그런 가르침.

11) 단순히 <u>열거</u>만 한 것 같다.

　　• 여러 가지 예나 사실을 낱낱이 죽 | | 어 | | 으 |.

12) 전문가의 의견을 <u>인용</u>하니 설득력이 높아졌다.

　　• 남의 말이나 글을 자신의 말이나 글 속에 | | 어 | 씀.

13) <u>고약한</u> 성품이라 가까이 가고 싶지 않았다.

　　• 성미, 언행 따위가 | 사 | | |

14) 총책임자인 그의 <u>지휘</u>에 따라 모두 움직였다.

　　• 목적을 효과적으로 이루기 위하여 단체의 행동을 | 토 | 솔 | 함.

15) 그 방법은 효율적이고 <u>경제적</u>이다.

　　• 돈이나 시간, 노력을 | 저 | ㄱ | 들이는. 또는 그런 것.

16) 반드시 <u>용도</u>에 맞게 사용하세요.

　　• 쓰이는 길. 또는 | 쓰 | ㅇ | ㄴ | 곳.

17) 그 음악을 듣고 나니 <u>애상적</u>인 기분이 들었다.

　　• | 스 | 퍼 | 하거나 가슴 아파하는. 또는 그런 것.

18) 이제 그는 <u>퇴역</u> 선수가 되어 새로운 삶을 꿈꾸고 있다.

　　• 어떤 일에 종사하다가 | 물 | 러 | 나 |. 또는 그런 사람이나 물건.

다음 빈칸에 공통으로 들어갈 알맞은 말을 쓰시오.

1) 소 ☐

> 1. 다행히 거의 다 _____되었다.
>   - 불을 끔.
>
> 2. _____가 되지 않아 무척 고생했다.
>   - 섭취한 음식물을 분해하여 영양분을 흡수하기 쉬운 형태로 변화시키는 일.

2) ☐ 면

> 1. 충분한 _____은 건강에 좋다.
>   - 잠을 자는 일.
>
> 2. 갑자기 물고기 한 마리가 _____ 위로 튀어올랐다.
>   - 물의 겉면.

3) 진 ☐

> 1. 오랜 세월 동안 이루어진 _____였다.
>   - 일이나 사물 따위가 점점 발달하여 감.
>
> 2. 황급히 _____ 작업에 나선 소방관.
>   - 불이 난 것을 끔.

4) 유 ☐

> 1. 그것은 다섯 가지 _____으로 나눌 수 있다.
>   - 성질이나 특징 따위가 공통적인 것끼리 묶은 하나의 틀. 또는 그 틀에 속하는 것.
>
> 2. 그것은 _____의 자산입니다.
>   - 형상이나 형체가 있음.

5) ☐ 달

> 1. 화재를 당한 정수에게 조금씩 돈을 모아 _____했다.
>   - 지시, 명령, 물품 따위를 다른 사람이나 기관에 전하여 이르게 함.
>
> 2. _____에 비해 이번달 매출이 늘었다.
>   - 지나간 달.

6) 무 ス

1. 이제 겨우 _____를 자각했다.
   • 아는 것이 없음.

2. 날씨가 _____ 추우니 코트를 꼭 입어라.
   • 보통보다 훨씬 정도에 지나치게.

7) 과 ㄹ

1. 인사 _____가 엄격해졌다.
   • 어떤 일의 사무를 맡아 처리함.

2. 현수는 지방 _____로 일했다.
   • 관직에 있는 사람.

8) 야

1. 감기 기운이 있어 _____을 먹었다.
   • 병이나 상처 따위를 고치거나 예방하기 위하여 먹거나 바르거나 주사하는 물질.

2. _____ 10초 후에 가면 됩니다.
   • '대강', '대략'의 뜻으로, 그 수량에 가까운 정도임을 나타내는 말.

9) 소

1. 우리집에 온 _____을 극진히 대접했다.
   • 다른 곳에서 찾아온 사람.

2. _____에 힘을 풀고 이것을 잡으세요.
   • 사람의 팔목 끝에 달린 부분.

10) ☐

1. _____이 된 아이는 정말 귀여웠다.
   • 어린아이가 태어난 날로부터 한 해가 되는 날.

2. 바닷가에서 예쁜 _____을 보았다.
   • 흙 따위가 굳어서 된 광물질의 단단한 덩어리.

1) 다음 달에 [화|자] 공사를 시작한다.
   - 범위, 규모, 세력 따위를 늘려서 넓힘.

2) 그것은 전후 [매|라] 을 생각해서 결정해야 한다.
   - 사물 따위가 서로 이어져 있는 관계나 연관.

3) 처음에는 [ㅅ|규|ㅁ] 사업으로 시작하여 점점 넓혀갔다.
   - 범위나 크기가 작음.

4) 택지 [개|바] 사업이 한창 진행중이다.
   - 토지나 천연자원 따위를 유용하게 만듦.

5) 드디어 소원 [서|취] 했다.
   - 목적한 바를 이룸.

6) 위기를 [바|저] 의 기회로 삼아야 한다.
   - 일의 형세가 뒤바뀜.

7) 마침내 그가 [서|바] 되었다.
   - 법에 의하여 구속하였던 사람을 풀어 자유롭게 하는 일.

8) 딸기 두 박스가 도착했는데 [개|ㅈ] 에는 상한 것도 있었다.
   - 여럿이 있는 그 가운데.

9) 이 작품의 [화|ㅈ] 를 주목하라.
   - 이야기를 하는 사람.

10) [서|이] 들의 가르침을 기억하라.
   - 지혜와 덕이 매우 뛰어나 길이 우러러 본받을 만한 사람.

11) 이야기의 [저|개] 가 빠르다.
   - 내용을 진전시켜 펴 나감.

12) 그러던 어느 날 결정적인 ┌즈┬어┐이 나왔다.

    • 어떤 사실을 증명함. 또는 그런 말.

13) 이번 답사는 ┌구┬저┐으로 내려오는 민요를 채록하기 위해서다.

    • 말로 전하여 내려옴. 또는 말로 전함.

14) 식료품들은 창고에 ┌저┬자┐되어 있다.

    • 물건이나 재화 따위를 모아서 간수함.

15) 폐수가 ┌유┬이┐되는 심각한 문제가 있었다.

    • 액체나 기체, 열 따위가 어떤 곳으로 흘러듦.

16) 계속 ┌┬┐을 회피하고 있어요.

    • 어떤 문제에 대하여 말함.

17) ┌개┬┐의 여지가 조금이라도 있죠?

    • 잘못된 것이나 부족한 것, 나쁜 것 따위를 고쳐 더 좋게 만듦.

18) 그것을 ┌저┬요┐하기에는 무리가 있습니다.

    • 알맞게 이용하거나 맞추어 씀.

19) 좋은 ┌바┬으┐을 얻어서 다행이야.

    • 자극에 대응하여 어떤 현상이 일어남. 또는 그 현상.

20) ┌사┬서┐과 염기성의 반응

    • 수용액에서 이온화할 때 수산 이온의 농도보다 수소 이온의 농도가 더 큰 물질의 성질.

21) 그의 ┌화┬버┐은 매우 뛰어났다.

    • 말하는 방법.

22) ┌트┬정┐좀 그만 부려.

    • 무엇이 모자라거나 못마땅하여 떼를 쓰며 조르는 일.

어휘력 키우기 11회

1. 다음 낱말이 문장에서 쓰인 뜻을 찾아 번호를 쓰세요.

1)

발	① 사람이나 동물의 다리 맨 끝부분. ② 가구 따위의 밑을 받쳐 균형을 잡고 있는, 짧게 도드라진 부분.

(1) 발을 다치고 나니 생활하기가 불편했다. (   )

(2) 책상의 발이 맞지 않아 자꾸만 흔들렸다. (   )

2)

얼굴	① 눈, 코, 입이 있는 머리의 앞면. ② 머리 앞면의 전체적 윤곽이나 생김새. ③ 주위에 잘 알려져서 얻은 평판이나 명예. 또는 체면.

(1) 그녀는 얼굴에 난 여드름을 짜고 있었다. (   )

(2) 내가 무슨 얼굴로 그 사람을 만나겠어? (   )

3)

별	① 빛을 관측할 수 있는 천체 가운데 성운처럼 퍼지는 모양을 가진 천체를 제외한 모든 천체. ② 위대한 업적을 남긴 대가를 비유적으로 이르는 말.

(1) 체조계의 큰 별이 졌다. (   )

(2) 하늘의 반짝이는 저 별을 보라. (   )

4)

바람	① 기압의 변화 또는 사람이나 기계에 의하여 일어나는 공기의 움직임. ② 공이나 튜브 따위와 같이 속이 빈 곳에 넣는 공기.

(1) 지금 바람이 세차게 분다. (   )

(2) 자전거 바퀴의 바람이 빠졌다. (   )

2. 다음 중 맞는 것에 동그라미하세요.

1) (낭떨어지 / 낭떠러지)를 보니 덜컥겁이 났다.
   · 깎아지른 듯한 | 어 | 더 |.

2) 돼지를 (통채로 / 통째로) 굽다.
   · 나누지 아니한 | 더 | 어 | | 전부.

3) 다음 날 새벽 (일찌기 / 일찍이) 출발할 예정이다.
   · 일정한 시간보다 | 이 | 르 | 게 |.

4) 도로에서 (끼여들기 / 끼어들기)하는 저 자동차.
   · 차가 옆 차선에 무리하게 | ㅂ, | | 고 | 들어서는 일.

5) 병이 (낳다 / 낫다).
   · 병이나 상처 따위가 | ㄱ | 쳐 | 져 | 본래대로 되다.

6) (쌍둥이 / 쌍동이)가 태어났다.
   · 한 어머니에게서 한꺼번에 태어난 | ㄷ | 아이.

7) (단말마 /단발마)의 경련.
   · ' | 이 | 조 |'을 달리 이르는 말.

8) 장호의 삼촌은 전문적인 (낚싯꾼/낚시꾼)이었다.
   · 취미로 | 낚 | 시 | 를 가지고 고기잡이를 하는 사람.

9) 티셔츠의 찢어진 부분을 (짜깁기/짜집기)했다.
   · 직물의 찢어진 곳을 그 감의 올을 살려 본디대로 흠집 없이 짜서 | 깁 | 느 | 일.

10) (반드시/반듯이) 오늘은 숙제를 끝내겠다.
   · 틀림없이 | 꼬 |.

속담

빈칸에 알맞은 말을 쓰고 뜻을 찾아 연결하시오.

1) 당장 먹기엔 고 가 이 달다.
   • 껍질을 벗기고 꼬챙이에 꿰어서 말린 감.

2) 물에 빠져도 정 을 차려야 산다.
   • 마음의 자세나 태도.

3) 타고난 자 .
   • 사람의 한평생의 운수.

4) 바늘구멍으로 보기.
   • 지평선이나 수평선 위로 보이는 무한대의 넓은 공간.

5) 차 물 도 위아래가 있다.
   • 차가운 물.

6) 하나를 듣고 열을 안다.

7) 태 사 이 평지 된다.
   • 높고 큰 산.

8) 잘 나가다 삼천포로 빠지다.

9) 주는 떡 도 못 받아먹는다.
   • 곡식 가루를 찌거나, 그 찐 것을 치거나 빚어서 만든 음식을 통틀어 이르는 말.

10) 나 돌이 정 맞는다.

11) 사공이 많으면 가 산으로 간다
   • 사람이나 짐 따위를 싣고 물 위로 떠다니도록 나무나 쇠 따위로 만든 물건.

12) 앓던 이 빠진 것 같다.
   • 척추동물의 입 안에 있으며 무엇을 물거나 음식물을 씹는 역할을 하는 기관.

㉠ 무엇에나 순서가 있으니, 그 차례를 따라 하여야 한다는 말.

㉡ 당장 먹기 좋고 편한 것은 그때 잠시뿐이지 정작 좋고 이로운 것은 못 된다는 말.

㉢ 조그만 바늘구멍으로 넓은 하늘을 본다는 뜻으로, 전체를 포괄적으로 보지 못하는 매우 좁은 소견이나 관찰을 비꼬는 말.

㉣ 날 때부터 지니고 있어서 평생 동안 작용하는 좋거나 나쁜 운수를 이르는 말.

㉤ 아무리 어려운 경우에 처하여 있더라도 정신을 차리고 용기를 내면 살 도리가 있음을 이르는 말.

㉥ 어떤 일이나 이야기 따위가 도중에 엉뚱한 방향으로 진행됨을 비유적으로 이르는 말.

㉦ 두각을 나타내는 사람이 남에게 미움을 받게 된다는 말.

㉧ 한마디 말을 듣고도 여러 가지 사실을 미루어 알아낼 정도로 매우 총기가 있다는 말.

㉨ 자연이나 사회의 변화가 몹시 심함을 비유적으로 이르는 말.

㉩ 걱정거리가 없어져서 후련함을 비유적으로 이르는 말.

㉪ 제가 받을 수 있는 복도 멍청하게 놓친다는 말.

㉫ 주관하는 사람 없이 여러 사람이 자기주장만 내세우면 일이 제대로 되기 어려움을 비유적으로 이르는 말.

관용구

빈칸에 알맞은 말을 쓰고 뜻을 찾아 줄로 이으시오.

1) 가도 오도 못하다. ●

● ㉠ 무엇을 잔뜩 붙잡다.

2) [　가 자] 을 태우다. ●
  • '애'를 강조하여 이르는 말.

● ㉡ 몹시 초조하고 안타까워서 속을 많이 태우다.

3) [ㅋ ㄲ] 도 안 보인다. ●
  • 콧등의 끝.

● ㉢ 한곳에서 자리를 옮기거나 움직일 수 없는 상태가 되다.

4) [사 어 으] 을 밟듯이 ●
  • 얇게 살짝 언 얼음.

● ㉣ 겁이 나서 매우 조심스럽게.

5) [탯 ㅈ] 잡듯 하다. ●
  • 태아와 태반을 연결하는 관.

● ㉤ 내막이나 까닭 따위를 알지도 못하다.

6) 맥도 모르다. ●

● ㉥ 아주 단호하게.

7) [창 ㅈ] 가 끊어지다. ●
  • 큰창자와 작은창자를 통틀어 이르는 말.

● ㉦ 어떤 일에 대하여 이러하다거나 저러하다거나 하는 의사 표시를 하지 아니하다.

8) [ㅂ 위] 가 상하다. ●
  • 음식물을 삭여 내거나 아니꼽고 싫은 것을 견디어 내는 성미.

● ㉧ 도무지 모습을 나타내지 않다.

9) 이렇다 저렇다 말이 없다. ●

● ㉨ 슬픔이나 분노 따위가 너무 커서 참기 어렵다.

10) [ㅁ 릎] 을 치다. ●
  • 넓다리와 정강이의 사이에 앞쪽으로 둥글게 튀어나온 부분.

● ㉩ 비위가 좋지 않아 금방 게울 듯하여지다.

11) 두말하면 [잔 ㅅ 리]. ●
  • 쓸데없이 자질구레한 말을 늘어놓음.

● ㉪ 갑자기 어떤 놀라운 사실을 알게 되었거나 희미한 기억이 되살아날 때, 또는 몹시 기쁠 때 무릎을 탁 치다.

12) 딱 부러지게. ●

● ㉫ 이미 말한 내용이 틀림없으므로 더 말할 필요가 없음을 강조하여 이르는 말.

다음 빈칸에 알맞은 낱말을 쓰시오.

1) 제가 알고 있는 | 버 | 위 | 까지만 말씀해드리겠습니다.

  ① 테두리가 정하여진 구역. ② 어떤 것이 미치는 한계.

2) | 세 | 려 | 을 떨치고 있었다.

  • 권력이나 기세의 힘.

3) | 시 | 어 | 으로 인해 반감을 샀다.

  • 실수로 잘못 말함. 또는 그렇게 한 말

4) 몇 년이 지나 | 사 | 궈 | 이 형성되었다.

  • 상업상의 세력이 미치는 범위.

5) | 므 | 하 | ㅎ | 쓸 수 없는 자원.

  • 수, 양, 공간, 시간 따위에 제한이나 한계가 없이.

6) 그녀가 쓰는 | 칼 | 러 | 을 즐겨 읽는다.

  • 신문, 잡지 따위의 특별 기고. 또는 그 기고란.

7) | 의 | ㅅ | ㅅ | 토 | 의 어려움이 있었다.

  • 가지고 있는 생각이나 뜻이 서로 통함.

8) 다행히 | | 마 | 하 | 관계를 유지하고 있다.

  ① 성격이 모난 데가 없이 부드럽고 너그럽다. ② 일의 진행이 순조롭다. ③ 서로 사이가 좋다.

9) 꼭 | 조 | 칭 | 을 사용하세요.

  • 남을 공경하는 뜻으로 높여 부름. 또는 그 칭호.

10) 색과 형태의 | ㅈ | 화 | 로 | 우 | 구성이 중요하다.

  • 서로 잘 어울려 모순됨이나 어긋남이 없다.

11) | 무 | | 저 | 이 | 측면.

  • 문화와 관련된. 또는 그런 것.

12) ☐ 마 누 이었던 그는 이해할 수 없었다.

• 글을 읽을 줄 모르는 무식한 사람의 눈.

13) 감기가 ㄷ 져 ㅅ 병원에 다녀왔다.

• 나아지거나 나았던 병이 도로 심해지다.

14) 토 여 이 필요하다.

• 말이 통하지 아니하는 사람 사이에서 뜻이 통하도록 말을 옮겨 줌. 또는 그런 일을 하는 사람.

15) ㅇ ☐ 로 ☐ 사연을 듣고 나니 눈물이 난다.

• 가엾고 불쌍하여 마음이 슬프다.

16) ㅇ 락 서 이 짙은 면이 있었다.

• 오락으로서 즐길 수 있는 성질.

17) 봄, 여름, 가을, 겨울의 ☐ 위 어 는 무엇이니?

• 어떤 말보다 일반적이고 포괄적인 뜻이 있는 말.

18) 다 ㅇ 어 의 예를 들어 보면 '얼굴'이 있다.

• 두 가지 이상의 뜻을 가진 단어

19) '직업'의 ☐ ☐ 어 에는 무엇이 있을까?

• 어떤 말보다 구체적이고 자세한 뜻이 있는 말.

20) '밝다'의 ☐ ☐ 어 는 무엇이니?

• 그 뜻이 서로 정반대되는 관계에 있는 말. 한 쌍의 말 사이에 서로 공통되는 의미 요소가 있으면서 동시에 서로 다른 한 개의 의미 요소가 있어야 한다.

21) 그는 피 도 적인 태도에서 벗어나지 못했다.

• 남의 힘에 의하여 움직이는 일.

22) ☐ 으 법 ☐ 의 예를 들어보세요.

• 일부 소리가 단어의 첫머리에 발음되는 것을 꺼려 다른 소리로 발음되는 일.

1. 빈칸에 알맞은 말을 쓰시오.

1) 자기 [　][　] 의 시간.
   • 자기의 마음을 반성하고 살핌.

2) 그가 마지막 [　][　] 다.
   • 경주하는 사람.

3) 입시 제도가 [　][　] 될 것으로 예상한다.
   • 쇠퇴하거나 폐지한 것이 다시 성하게 됨. 또는 그렇게 함.

4) 모두의 소망을 [　][　] 하는 인물이다.
   ① 어떤 사람이나 단체를 대신하여 그의 의견이나 태도를 표함. ② 또는 그런 일. 어떤 사실이나 의미를 대표적으로 나타냄.

5) 대체 무슨 [　][　] 를 부린 것일까?
   • 어떻게 이루어진 것인지 알 수 없을 정도로 신통하게 된 일. 또는 일을 꾸미는 재간.

6) 도망칠 겨를도 없이 [　][　] 되었다.
   • 숨기던 것이 드러남.

7) 가만히 [　][　] 를 감았다.
   • 연줄, 낚싯줄 따위를 감는 데 쓰는 기구.

8) [ㅈ][ㅅ] 은 쌀이다.
   • 밥이나 빵과 같이 끼니에 주로 먹는 음식.

9) [고][경] 에 처해진 그를 도와주자.
   • 어려운 형편이나 처지.

10) [　][　] 을 당하고 있다.
   • 자기의 뜻대로 자유로이 행동하지 못하도록 억지로 억누름.

11) 그들이 핵심 [　][　] 이다.
   • 어떤 속성이나 힘을 가진 집단.

2. 다음 빈칸에 해당하는 것을 고르시오.

1) _____ 오듯 : 화살, 총알 따위가 많이 날아오거나 떨어지다. (   )

   ① 귀   ② 비   ③ 입   ④ 구미   ⑤ 가슴

2) _____ 뜨고 볼 수 없다 : 눈앞의 광경이 참혹하거나 민망할 정도로 아니꼬워 차마 볼 수 없다. (

)

   ① 간   ② 기   ③ 배   ④ 눈   ⑤ 구미

3) _____ 도 모르다 : 아주 감쪽같다. (   )

   ① 귀청   ② 간   ③ 발   ④ 하늘   ⑤ 귀신

4) _____ 이 무겁다 : 함부로 경솔하게 말하지 아니하고 신중하다. (   )

   ① 말   ② 눈   ③ 도마   ④ 가슴   ⑤ 귀

5) _____ 이 캄캄하다 : 어찌할 바를 몰라 아득하다. (   )

   ① 간   ② 눈앞   ③ 배   ④ 머리   ⑤ 가슴

6) _____ 에 담다 : 무엇에 대해 말하다. (   )

   ① 발   ② 손   ③ 입   ④ 간   ⑤ 운

7) _____ 을 축이다 : 목 말라 물 따위를 마시다. (   )

   ① 눈   ② 코   ③ 입   ④ 바람   ⑤ 목

8) _____ 을 치다 : 남을 깔보고 비웃다. (   )

   ① 눈   ② 코   ③ 팔   ④ 입   ⑤ 코웃음

9) _____ 을 맞추다 : 뜻을 같이하다. (   )

   ① 밥맛   ② 발   ③ 입   ④ 찬물   ⑤ 손바닥

10) _____ 가 움츠러들다 : 떳떳하지 못하거나 창피하고 부끄러운 기분을 느끼다.(   )

   ① 눈   ② 목   ③ 입   ④ 어깨   ⑤ 마음

어휘력 키우기 15회

다음 중 맞는 것에 동그라미하고 뜻풀이에 알맞은 낱말을 쓰시오.

1) (늘그막 / 늙으막)에 고생이 시작되었다.

  • 늙어 가는 | 므 | 렵 |.

2) 사과가 (다디달다 / 달디달다).

  • 매우 | 다 | 다 |.

3) (비로소 / 비로서) 그 말이 무슨 뜻인지 알겠다.

  • 어느 한 시점을 기준으로 그 전까지 이루어지지 아니하였던 사건이나 사태가 이루어지거나 변화하기 | ㅅ | 작 | 함을 나타내는 말.

4) (구태여 / 구태어) 그런 일을 할 필요가 있을까요?

  • 일부러 | ㅇ | 써 |.

5) (닐리리 /닐리리) 퉁소 부는 소리.

  • 퉁소, 나발, 피리 따위 | 관 | 아 | ㄱ | 의 소리를 흉내 낸 소리.

6) 아기가 (트림 / 트름)를 한다.

  • 먹은 음식이 위에서 잘 소화되지 아니하여서 생긴 | ㄱ | ㅅ | 가 입으로 복받쳐 나옴.

7) (뒤탈 / 뒷탈)이 생기지 않도록 조심해.

  • 어떤 일의 뒤에 생기는 | 탈 |.

8) (머리말 / 머릿말)을 읽는 습관.

  • 책이나 논문 따위의 | 처 | 머 | 리 | 에 내용이나 목적 따위를 간략하게 적은 글.

9) (베개 / 배게)를 높이 베다.

  • 잠을 자거나 누울 때에 | 므 | 리 | 를 괴는 물건.

10) (숫양 / 수양)인 것을 알아볼 수 있겠니?

  • 양의 | ㅅ | |.

11) (위층 / 윗층) 에 사는 사람이에요.

  • 이 층 또는 여러 층 가운데 | 위 | 쪼 | 의 층.

12) (아지랭이/아지랑이) 피어오르는 저 풍경을 보라.

• 주로 봄날 햇빛이 강하게 쬘 때 공기가 공중에서 | 으 | 르 | 아 | 른 | 움직이는 현상.

13) (띄어쓰기 / 띄워쓰기)에 주의하세요.

• 글을 쓸 때, 어문 규범에 따라 어떤 말을 앞말과 | ㅓ | 어 | 쓰는 일.

14) (괴나리봇짐 / 개나리봇짐)을 하나씩 둘러메고 산으로 올라갔다.

• 걸어서 먼 길을 떠날 때에 보자기에 싸서 | 어 | 깨 | 에 메는 작은 짐.

15) (눌은밥/ 누른밥)은 누가 먹었니?

• 솥 바닥에 눌어붙은 밥에 물을 부어 불려서 긁은 | | .

16) (싫증 / 실증)이 난 표정으로 말했다.

• | 싫 | 은 | 생각이나 느낌. 또는 그런 반응.

17) (헹가래 /행가래)까지 할 뻔했다.

• 사람의 몸을 번쩍 들어 자꾸 내밀었다 들이켰다 하는 일. 또는 던져 올렸다 받았다 하는 일. 기쁘고 좋은 일이 있는 사람을 축하하거나, 잘못이 있는 사람을 | | 줄 때 한다.

18) 선물로 받은 (찻잔/차잔)이 마음에 들었다.

• 차를 따라 마시는 | 잔 |.

19) 학교에서 숙제로 (강남콩/강낭콩)을 키우고 있었다.

• | 콩 | 과의 한해살이풀.

20) 그 고양이가 참 (가엽다/가엾다).

• 마음이 아플 만큼 안되고 | 처 | 여 | 하다.

21) (예삿일/예삿일)이 아니다.

• 보통 | | | 있는 일.

1. 서로 의미가 통하는 것끼리 줄로 이으시오.

1) 명사 ●

2) 감탄사 ●

3) 대명사 ●

4) 조사 ●

5) 수사 ●

6) 형용사 ●

7) 관형사 ●

8) 부사 ●

9) 동사 ●

● ㉠ 사물의 이름을 나타내는 품사.

● ㉡ 체언이나 부사, 어미 따위에 붙어 그 말과 다른 말과의 문법적 관계를 표시하거나 그 말의 뜻을 도와주는 품사.

● ㉢ 사람이나 사물의 이름을 대신 나타내는 말.

● ㉣ 사물의 수량이나 순서를 나타내는 품사.

● ㉤ 사물의 성질이나 상태를 나타내는 품사.

● ㉥ 말하는 이의 본능적인 놀람이나 느낌, 부름, 응답 따위를 나타내는 말의 부류이다.

● ㉦ 체언 앞에 놓여서, 그 체언의 내용을 자세히 꾸며 주는 품사.

● ㉧ 사물의 동작이나 작용을 나타내는 품사.

● ㉨ 용언 또는 다른 말 앞에 놓여 그 뜻을 분명하게 하는 품사.

2. 밑줄 친 낱말의 반의어를 쓰시오.

1) 강추위로 난방용품의 <u>수요</u>가 늘었다.
   도매상은 시장에 물건을 [ ][그] 한다.

2) 달걀의 소비량이 <u>증가</u>하고 있다.
   점점 인구가 [가][소] 되고 있다.

3) 손님을 <u>마중</u>하러 정류장에 갔다.
   [ ][웅] 하고 오느라 늦었다.

4) <u>스승</u>의 길을 걷고자 합니다.
   [제][ㅈ] 를 가르치고 있다.

5) 여행지로 가는 길은 <u>멀었다</u>.
   식료품점은 [가][까][ㅣ] 있다.

3. 다음 빈칸에 알맞은 말을 쓰시오.

1) 그녀는 늘 정직해야 한다는 [철][하] 을 가지고 있다.
   • 자신의 경험에서 얻은 인생관, 세계관, 신조 따위를 이르는 말.

2) 다정하고 [치][ ] 함을 느끼게 하는 목소리.
   • 친하여 익숙하고 허물이 없음.

3) [하][ ] 를 극복해야 합니다.
   • 사물이나 능력, 책임 따위가 실제 작용할 수 있는 범위. 또는 그런 범위를 나타내는 선.

4) [ㅈ][사] 대대로 이곳에 살아왔다.
   • 돌아간 어버이 위로 대대의 어른.

5) 그는 나를 칭찬하며 [겨][려] 를 아끼지 않았다.
   • 용기나 의욕이 솟아나도록 북돋워 줌.

6) 그 [아][ ] 를 무시했다.
   • 넌지시 알림. 또는 그 내용.

7) [어][겨] 한 심사를 통과해야 한다.
   • 말, 태도, 규칙 따위가 매우 엄하고 철저하다.

8) 오늘은 [ㅅ][뉴] 이 먹고 싶다.
   • 밥을 지은 솥에서 밥을 푼 뒤에 물을 붓고 데운 물. 구수한 맛이 있으며, 흔히 식사를 한 뒤에 마신다.

9) 그의 말은 [며][확] 하고 믿을 수 있었다.
   • 명백하고 확실하다.

10) [이][ ] 적인 관점에서 생각하다.
   • 원인과 결과 관계를 파악하는. 또는 그런 것.

11) 우리 민족 고유의 [풍][ㅅ] 이다.
   • 풍속과 습관을 아울러 이르는 말.

어휘력 키우기 17회

1. 다음 관용어의 의미에 해당하는 것을 고르시오.

1) 입을 모으다. (　　　)
　① 여러 사람이 같은 의견을 말하다.
　② 이제까지 하지 아니하던 일까지 활동 범위를 넓히다.
　③ 일이 끝나다.

2) 가시가 박히다. (　　　)
　① 어떤 의욕이나 기세가 몹시 끓어오른 상태에서 활동하다.
　② 말속에 악의가 있다.
　③ 들을 준비를 하다.

3) 귀가 뚫리다. (　　　)
　① 존경하는 마음이 일어나다.
　② 마음의 동요를 조금도 보임이 없이 꼼짝도 하지 않다.
　③ 말을 알아듣게 되다.

4) 손가락 하나 까딱 않다. (　　　)
　① 기꺼이 지지하거나 환영하다.
　② 인정을 받다.
　③ 아무 일도 안 하고 뻔뻔하게 놀고만 있음을 비난조로 이르는 말.

5) 눈길을 모으다. (　　　)
　① 여러 사람의 시선을 집중시키다.
　② 한창 융성한 기운이 없어지다.
　③ 어떤 곳에 자주 다니다.

6) 바람을 넣다. (　　　)
　① 어떤 일을 낮이나 밤이나 쉬지 않고 계속하다.
　② 남을 부추겨서 무슨 행동을 하려는 마음이 생기게 만들다.
　③ 어떤 대상을 몹시 무시하고 깔보다.

7) 발 벗고 나서다. (　　　)
　① 적극적으로 나서다.
　② 방아를 찧듯이 고개나 몸을 끄덕이다.
　③ 남이 잘되어 심술이 나다.

8) 저리 가라. (　　　)
　① 몸을 많이 숙이다.
　② 가난하여 먹지 못하고 오랫동안 굶다.
　③ 비교가 되지 않거나 비교할 수 없다.

2. 다음 빈칸에 해당하는 것을 고르시오.

1) _____을 떼다 : 하던 일을 그만두다. (   )

　①손　　　②코　　　③입　　　④머리　　　⑤가슴

2) _____을 펴다 : 굽힐 것 없이 당당하다.(   )

　①간　　　②코　　　③배　　　④머리　　　⑤가슴

3) _____과 땅 : 둘 사이에 큰 차이나 거리가 있음을 비유적으로 이르는 말. (   )

　①별　　　②간　　　③발　　　④하늘　　　⑤배

4) _____가 얇다 :남의 말을 쉽게 받아들인다. (   )

　① 배　　　②눈　　　③입　　　④가슴　　　⑤귀

5) _____를 앓다 : 남 잘되는 것에 심술이 나서 속을 태우다. (   )

　①간　　　②코　　　③배　　　④머리　　　⑤가슴

6) _____이 떨어지다 : 몹시 놀라다.(   )

　①발　　　②손　　　③입　　　④간　　　⑤머리

7) _____을 가다 : 힘겹고 험한 삶을 살다.(   )

　①눈　　　②코　　　③입　　　④바람　　　⑤가시밭길

8) _____을 똑바로 뜨다 : 정신을 차리고 주의를 기울이다.(   )

　①눈　　　②코　　　③팔　　　④머리　　　⑤바람

9) _____을 끼얹다 : 잘되어 가고 있는 일에 뛰어들어 분위기를 흐리거나 공연히 트집을 잡아 헤살을 놓다. (   )

　①손　　　②발　　　③입　　　④찬물　　　⑤가슴

10) _____을 썩이다 : 몹시 괴로워하다. (   )

　①눈　　　②손　　　③입　　　④머리　　　⑤마음

어휘력 키우기 18회

1. 다음 빈칸에 알맞은 낱말을 쓰시오.

1) 자 여 저 원인부터 살펴보자.
  • 사람의 손길이 가지 아니한 자연 그대로의 모습을 지닌. 또는 그런 것. ②자연이나 자연법칙을 따르는. 또는 그런 것.

2) 체 계 저 으로 설명하는 글.
  • 일정한 원리에 따라서 낱낱의 부분이 짜임새 있게 조직되어 통일된 전체를 이루는. 또는 그런 것.

3) 호수는 이   저 으로 만들어졌다.
  • 자연의 힘이 아닌 사람의 힘으로 이루어지는. 또는 그런 것.

4) 간 적 저 인 피해 또한 심각하다.
  • 중간에 매개가 되는 사람이나 사물 따위를 통하여 연결되는. 또는 그런 것.

5) 다행히 지금은 저 사 저 이다.
  • 상태가 특별한 변동이나 탈이 없이 제대로인. 또는 그런 것.

6) 효 ㄱ 저 인 방법.
  • 어떤 목적을 지닌 행위에 의하여 보람이나 좋은 결과가 드러나는. 또는 그런 것.

7)   육 저 내용을 담고 있어 유익하다.
  • 지식과 기술 따위를 가르치며 인격을 길러 주는. 또는 그런 것.

8) ㅅ 시 적 인 묘사.
  • 사물을 있는 그대로 그려 내는. 또는 그런 것.

9) 그것은 [   ] 결과라고 볼 수 있다.
  • 사물의 관련이나 일의 결과가 반드시 그렇게 될 수밖에 없는. 또는 그런 것.

10) 단지 [   ] 해석일 뿐입니다.
  • 일정한 기준이나 원칙 없이 하고 싶은 대로 하는. 또는 그런 것.

11) 그것은 [   ] 으로 계승한 것이다.
  • 새로운 것을 만들어내는 일과 관련되는. 또는 그런 것.

12) 규 치 저 인 생활 습관
  • 일정한 질서가 있거나 규칙을 따르는. 또는 그런 것.

13) ㅅ 회 저 인 측면에서 생각해보자.
  • 사회에 관계되거나 사회성을 지닌. 또는 그런 것.

14) 저 ☐ 저 인 행사다.
  • 온 나라에 관계되는. 또는 그런 것.

15) 개 서 저 인 문제.
  • 다른 사람이나 개체와 뚜렷이 구별되는. 또는 그런 것.

16) 그 사람에게는 다른 사람들은 알지 못하는 ☐ ☐ 적 장애가 있었다.
  • 사람의 몸에 관한. 또는 그런 것.

17) 저 차 저 으로 늘려나갈 계획입니다.
  • 차례를 따라 조금씩 진행되는. 또는 그런 것.

18) 그 노래는 참 서 저 적 이다.
  • 정서를 듬뿍 담고 있는. 또는 그런 것.

19) 나 마 적 인 분위기가 참 좋다.
  ① 현실에 매이지 않고 감상적이고 이상적으로 사물을 대하는. 또는 그런 것. ②감미롭고 감상적인. 또는 그런 것.

20) 가 ☐ 저 인 표현.
  ① 감각을 자극하는. 또는 그런 것. ② 감각이나 자극에 예민한. 또는 그런 것.

21) 노 리 저 사고.
  • 논리에 맞는. 또는 그런 것.

1. 다음 빈칸에 알맞은 말을 쓰시오.

1) 다[모][으] 은 소리를 내는 도중에 입술 모양이나 혀의 위치가 달라지지 않는 모음이다.

2) 이[중][모][으] 은 입술 모양이나 혀의 위치를 처음과 나중이 서로 달라지게 하여 내는 모음이다.

3) 그[모][으] 은 입을 조금 열고, 혀의 위치를 높여서 발음하는 모음이다.

4) 중[ㅗ][으] 은 입을 보통으로 열고 혀의 높이를 중간으로 하여 발음하는 모음이다.

5) ㅓ[모][으] 은 입을 크게 벌리고 혀의 위치를 가장 낮추어서 발음하는 모음.

6) 워[수][모][으] 은 입술을 둥글게 오므려 발음하는 모음이다.

7) 펴[순][모][으] 은 입술을 둥글게 오므리지 않고 발음하는 모음이다.

8) 저[서][모][으] 은 혀의 정점이 입 안의 앞쪽에 위치하여 발음되는 모음이다.

9) ㅎ[설][모][으] 은 혀의 정점이 입 안의 뒤쪽에 위치하여 발음되는 모음이다.

10) 자[으] 은 목, 입, 혀 따위의 발음 기관에 의해 구강 통로가 좁아지거나 완전히 막히는 따위의 장애를 받으며 나는 소리를 뜻한다.

11) ㅁ[음] 은 성대의 진동을 받은 소리가 목, 입, 코를 거쳐 나오면서, 그 통로가 좁아지거나 완전히 막히거나 하는 따위의 장애를 받지 않고 나는 소리를 뜻한다.

12) 다[어] 는 분리하여 자립적으로 쓸 수 있는 말이나 이에 준하는 말. 또는 그 말의 뒤에 붙어서 문법적 기능 을 나타내는 말이다.

13) 으[우] 은 말의 뜻을 구별하여 주는 소리의 가장 작은 단위를 뜻한다.

2. 다음 빈칸에 알맞은 말을 쓰시오.

1) _____가 당기다 : 욕심이나 관심이 생기다. (   )

　　①귀　　②간　　③입　　④구미　　⑤가슴

2) _____를 펴다 : 억눌림이나 어려운 지경에서 벗어나 마음을 자유롭게 가지다.(   )

　　①간　　②기　　③배　　④머리　　⑤구미

3) _____을 때리다 : 몹시 크게 들리다.(   )

　　①귀청　　②간　　③발　　④하늘　　⑤배

4) _____위에 오르다 : 어떤 사물이 비판의 대상이 되다.(   )

　　① 배　　②눈　　③도마　　④가슴　　⑤귀

5) _____에 맡기다 : 운명에 따르다.(   )

　　①간　　②하늘　　③배　　④머리　　⑤가슴

6) _____을 떼다 : 어떤 이야기를 하기 위하여 말을 하기 시작하다. (   )

　　①발　　②손　　③입　　④간　　⑤운

7) _____가 꿰이다 : 약점이 잡히다.(   )

　　①눈　　②코　　③입　　④바람　　⑤가시밭길

8) _____만 아프다 : 여러 번 말하여도 받아들이지 아니하여 말한 보람이 없다.(   )

　　①눈　　②코　　③팔　　④입　　⑤바람

9) _____이 떨어지다 : 상대방의 말, 행동 따위가 불쾌하고 역겹다.(   )

　　①밥맛　　②발　　③입　　④찬물　　⑤머리

10) _____에 힘을 주다:거드름을 피우거나 남을 깔보는 듯한 태도를 취하다.(   )

　　①눈　　②목　　③입　　④머리　　⑤마음

MEMO

MEMO

정답

어휘 수업 제1회

·6쪽

관용구
1) 가면 2) 가방끈 3) 가슴 4) 손 5) 가죽

고유어
1) ⑦ 2) ① 3) ④ 4) ② 5) ③ 6) ⑥ 7) ⑤

·7쪽

속담
1) ㉢ 2) ㉡ 3) ㉤ 4) ㉣ 5) ㉥ 6) ㉠

한자성어
1) 격물치지 2) 격세지감 3) 견원지간 4) 결자해지 5) 견물생심 6) 건곤일척 7) 거두절미 8) 견마지로

·8쪽

어휘탐구
1) 고무래 2) 배경지식 3) 초월 4) 감흥 5) 매력 6) 소멸 7) 소실 8) 원동력 9) 사고방식 10) 골똘히 11) 견제 12) 해석

·9쪽

단위
1) 근 2) 닢 3) 톳 4) 손 5) 축 6) 톨 7) 점 8) 되 9) 마지기 10) 단 11) 꾸러미 12) 벌

어휘 수업 제2회

·12쪽

관용구
1) 날 2) 나사 3) 밤 4) 긴다 5) 놀란

고유어
1) ① 2) ⑦ 3) ⑥ 4) ④ 5) ⑤ 6) ③ 7) ②

·13쪽

속담
1) ㉥ 2) ㉡ 3) ㉠ 4) ㉡ 5) ㉤ 6) ㉣

한자성어
1) 난공불락 2) 남가일몽 3) 남녀유별 4) 노발대발 5) 노익장 6) 녹의홍상 7) 눌언민행 8) 낙화유수

·14쪽~15쪽

어휘탐구
1) 부가가치세 2) 수월 3) 수취인 4) 왜곡 5) 정책 6) 추론 7) 개요 8) 과묵 9) 정체성 10) 고유어 11) 매립지 12) 멸종

2.
1) 통틀어, 합 2) 귀띔, 눈치 3) 갈치, 물고기 4) 요새, 준말 5) 김치찌개, 김치 6) 육개장 , 쇠고기 7) 납작하다, 넓다 8) 얘기, 준말 9) 안성맞춤, 잘된 10) 앳되다, 어려

어휘 수업 제3회

·18쪽

관용구
1) 쓴 2) 닻 3) 다리 4) 덜미 5) 체조

고유어
1) ⑤ 2) ⑥ 3) ① 4) ⑦ 5) ④ 6) ③ 7) ②

·19쪽

속담
1) ㉣ 2) ㉢ 3) ㉠ 4) ㉥ 5) ㉡ 6) ㉤

한자성어
1) 다다익선 2) 다사다난 3) 다문박식 4) 대동소이 5) 대성통곡 6) 단순호치 7) 대의명분 8) 독서망양

·20~21쪽

어휘탐구
1) 노폐물 2) 시나리오 3) 소외감 4) 을씨년 5) 시조 6) 비유 7) 주저리주저리 8) 대응 9) 잔망 10) 혼비백산 11) 실효성 12) 형형색색 13) 의뭉 14) 지조 15) 통계

'히'와 '이'
1) 꿋꿋이 2) 또렷이 3) 골똘히 4) 너그러이 5) 솔직히 6) 단정히 7) 외로이 8) 겹겹이 9) 일찍이 10) 끔찍이 11) 더욱이 12) 촉촉이 13) 즐거이 14) 깨끗이 15) 길쭉이 16) 틈틈이 17) 빠듯이 18) 날카로이

어휘 수업 제4회

·24쪽

관용구
1) 마음 2) 마른 3) 떼다 4) 말문 5) 막다른

115

고유어
1) ⑦ 2) ① 3) ⑥ 4) ⑤ 5) ④ 6) ③ 7) ②

·25쪽

속담
1) ㉢ 2) ㉠ 3) ㉤ 4) ㉡ 5) ㉣ 6) ㉥

한자성어
1) 만사형통 2) 몽중몽 3) 무궁무진 4) 면종복배
5) 목욕재계 6) 만수무강 7) 망운지정 8) 만고천
추

·26쪽

어휘탐구
1) 기절초풍 2) 추세 3) 온실가스 4) 설명문
5) 혐오감 6) 누설 7) 힐끔힐끔 8) 푸념
9) 상징 10) 격노 11) 비옥 12) 폭염

·27쪽

율/률
1) ① 2) ① 3) ② 4) ① 5) ① 6) ①

시나리오 용어
1) ㉠ 2) ㉣ 3) ㉡ 4) ㉤ 5) ㉢ 6) ㉥

어휘 수업 제5회

·30쪽

관용구
1) 발 2) 구르다 3) 바닥 4) 반죽 5) 틈

고유어
1) ③ 2) ① 3) ⑦ 4) ⑤ 5) ⑥ 6) ④ 7) ②

·31쪽

속담
1) ㉢ 2) ㉡ 3) ㉣ 4) ㉠ 5) ㉥ 6) ㉤

한자성어
1) 비몽사몽 2) 백절불굴 3) 백배사죄 4) 백지상
태 5) 백년해로 6) 박학다식 7) 백골난망 8) 반의
지희

·32쪽

어휘탐구
1) 황량한 2) 그래프 3) 매서운 4) 낭송
5) 귀화 6) 비약 7) 파찰음 8) 대웅전
9) 외래종 10) 폐단 11) 체류 12) 과언

·33쪽

의성어 · 의태어
1) 주르륵주르륵 2) 꿀꺽꿀꺽 3) 송골송골
4) 경중경중 5) 꾀꼴꾀꼴 6) 질겅질겅
7) 바스락바스락 8) 와그작와그작 9) 아삭아삭

어휘 수업 제6회

·36쪽

관용구
1) 사람 2) 사흘 3) 돌리다 4) 새빨간 5) 쉬파리

고유어
1) ⑦ 2) ① 3) ④ 4) ⑥ 5) ⑤ 6) ③ 7) ②

·37쪽

속담
1) ㉢ 2) ㉤ 3) ㉣ 4) ㉡ 5) ㉥ 6) ㉠

한자성어
1) 소식불통 2) 살신성인 3) 산전수전 4) 수불석
권 5) 수원수구 6) 사실무근 7) 사리사욕 8) 수어
지교

·38~39쪽

어휘탐구
1) 미동 2) 미적거리고 3) 후회막심 4) 망각 5) 공
손 6) 공덕 7) 탄식 8) 초고 9) 개요 10) 개요 11) 고리
타분한 12) 삭제 13) 관심 14) 점검 15) 연결 16)
독창적인 17) 교감 18) 상호작용 19) 건조 20) 긴
요한 21) 파생어 22) 품사 23) 방백 24) 유의어

어휘 수업 제7회

·42쪽

관용구
1) 서나 2) 서거니 3) 어금니 4) 안색 5) 앞

고유어
1) ② 2) ① 3) ④ 4) ⑦ 5) ③ 6) ⑥ 7) ⑤

·43쪽

속담
1) ㉢ 2) ㉥ 3) ㉠ 4) ㉣ 5) ㉡ 6) ㉤

한자성어
1) 온고지신 2) 오만불손 3) 왈가왈부 4) 애매모

호 5) 안하무인 6) 아전인수 7) 오리무중 8) 약육강식

·44쪽
어휘탐구
1) 인간관계 2) 효율성 3) 경청 4) 검버섯 5) 멍추 6) 백숙 7) 심통 8) 광주리 9) 난감 10) 몰입 11) 민감한 12) 뇌파 13) 초판본 14) 자칭 15) 딴청 16) 공감 17) 해결책 18) 민폐 19) 어색 20) 실용적 21) 중성 22) 상면 23) 축복 24) 부적절

어휘 수업 제8회

·48쪽
관용구
1) 자리 2) 죽 3) 장래 4) 잔머리 5) 재

고유어
1) ① 2) ② 3) ③ 4) ④ 5) ⑦ 6) ⑥ 7) ⑤

·49쪽
속담
1) ⓒ 2) ㉠ 3) ㉡ 4) ㉣ 5) ㉣ 6) ㉣

한자성어
1) 죽마고우 2) 자강불식 3) 자유분방 4) 주마가편 5) 자수성가 6) 작심삼일 7) 중구난방 8) 주객전도

·50~51쪽
어휘탐구
1) 보폭 2) 재촉 3) 구매농사 4) 기겁 5) 세파 6) 멀건 7) 영문 8) 발송 9) 멋쩍은 10) 신방 11) 먹보 12) 용언 13) 으름장 14) 장관 15) 기후 16) 주변인 17) 이해관계 18) 투자 19) 입장 20) 역할극 21) 지식수준 22) 실현 23) 임종 24) 해소

어휘 수업 제9회

·54쪽
관용구
1) 단추 2) 초 3) 천불 4) 찬바람 5) 출사표

고유어

1) ① 2) ④ 3) ② 4) ③ 5) ⑦ 6) ⑥ 7) ⑤

·55쪽
속담
1) ㉠ 2) ㉣ 3) ㉡ 4) ㉢ 5) ㉣ 6) ㉣

한자성어
1) 천만다행 2) 천생연분 3) 천상천하 4) 천근만근 5) 천기누설 6) 천우신조 7) 차일피일 8) 천고마비

·56~57쪽
어휘탐구
1) 형체 2) 수식언 3) 여의고 4) 거처 5) 마찰 6) 기승 7) 발화점 8) 간과 9) 지천 10) 액운 11) 전망 12) 무궁무진 13) 수라상 14) 풍미 15) 청명한 16) 댓돌 17) 제거 18) 험구 19) 고령화 20) 매료 21) 후환 22) 담화 23) 후대 24) 수단

어휘 수업 제10회

·60쪽
관용구
1) 코 2) 비뚤어지게 3) 땅 4) 코피 5) 키
고유어
1) ① 2) ⑦ 3) ④ 4) ⑤ 5) ⑥ 6) ② 7) ③

·61쪽
속담
1) ㉣ 2) ㉠ 3) ㉣ 4) ㉡ 5) ㉢ 6) ㉣

한자성어
1) 퇴고 2) 탄탄대로 3) 태연자약 4) 탐관오리 5) 태평성대 6) 토사구팽 7) 쾌도난마 8) 타산지석

·62~63쪽
어휘탐구
1) 논제 2) 토의 3) 의사소통 4) 생태계 5) 무분별한 6) 몰지각한 7) 필적 8) 터무니 9) 혹사 10 단호한 11) 포승 12) 송환 13) 심포지엄 14) 만년설 15) 징후 16) 해수면 17) 채굴 18) 혈액순환 19) 여가 20) 침수 21) 채택 22) 파악 23) 총명 24) 추천

어휘 수업 제11회

·66쪽

관용구
1) 털끝 2) 퇴짜 3) 틀 4) 파리 5) 탈

고유어
1) ① 2) ⑦ 3) ⑥ 4) ⑤ 5) ④ 6) ③ 7) ②

·67쪽

속담
1) ⓒ 2) ㉠ 3) ⓑ 4) ⓛ 5) ⓜ 6) ⓔ

한자성어
1) 허송세월 2) 행방불명 3) 해어화 4) 현모양처
5) 효시 6) 허허실실 7) 학수고대 8) 한우충동

·68~69쪽

어휘탐구
1) 고까운 2) 남루한 3) 영장류 4) 유기적
5) 엄습 6) 척박 7) 체계 8) 단호한 9) 권위
10) 윽박 11) 종장 12) 진눈깨비 13) 세금계산서 14) 첩첩산중 15) 명성 16) 초고 17) 요약
18) 예측 19) 부작용 20) 범람 21) 도표 22) 갈등 23) 결딴 24) 겸연쩍은

어휘 수업 제12회

·72쪽

관용구
1) 하늘 2) 멀다고 3) 귀 4) 배 5) 한숨

고유어
1) ① 2) ⑥ 3) ② 4) ⑤ 5) ④ 6) ③ 7) ⑦

·73쪽

속담
1) ⓒ 2) ⓑ 3) ㉠ 4) ⓒ 5) ⓔ 6) ⓜ

한자성어
1) 혹세무민 2) 홍익인간 3) 혼연일체 4) 호의호식 5) 호연지기 6) 호사다마 7) 호시탐탐 8) 화무십일홍

·74~75쪽

어휘탐구
1) 호송 2) 토로 3) 금실 4) 질풍노도 5) 서론
6) 흉계 7) 급습 8) 소생 9) 추호 10) 층암절벽

11) 자초지종 12) 빈정 13) 달성 14) 빈농 15) 햇발 16) 유년 17) 모방 18) 실비단 19) 도모 20) 상기 21) 어림 22) 철칙 23) 서식 24) 활보

어휘력 키우기 01회

·76쪽
1) 고차원 2) 공유 3) 형태소 4) 회심 5) 서자 6) 의향 7) 인기척 8) 통찰력 9) 축적 10) 실태 11) 노동자

·77쪽

12)
① - ㉠ - ⓑ
② - ⓑ - ⓜ
③ - ⓛ - ㉮
④ - ⓒ - ⓒ
⑤ - ㉣ - ㉣

13)
① - ㉠ - ⓒ
② - ⓒ - ⓑ
③ - ⓛ - ㉮

14)
① - ㉠ - ⓑ
② - ⓛ - ㉮

15)
① - ⓛ - ㉮
② - ⓒ - ⓑ
③ - ㉠ - ⓒ

어휘력 키우기 02회

·78쪽

1.
1) ① 2) ① 3) ② 4) ① 5) ①
6) ② 7) ① 8) ① 9) ① 10) ②

·79쪽

2.
1) 존재 2) 두엄 3) 농사 4) 약질 5) 가공
7) 남획 8) 짜하게 9) 재간 10) 으름장
11) 시련 12) 영웅

어휘력 키우기 03회

·80쪽

1.
1) 결백 2) 농도 3) 활성화하는 4)비축
5) 분화 6) 뿌리치기 7) 배출 8) 효능 9) 전문가
10) 생가 11) 잠복

·81쪽
2.
1) 귓불, ㉠   2) 나물, ㉤   3) 진하다, ㉢   4) 말, ㉥   5) 발, ㉪
6) 곱다, ㉣   7) 담, ㉦   8) 뚝배기, ㉫   9) 놈, ㉧   10) ㉨
11) ㉡   12) 벼룩, ㉢

어휘력 키우기 04회

·82쪽
1.
1) 개성   2) 어휘   3) 허물   4) 운율   5) 수증기
6) 속담   7) 심리묘사   8) 관용구   9) 어근   10) 내적   11) 희곡

·83쪽
2.
1) 움츠리고, 작아지게   2) 며칠, 몇   3) 첫 번째
4) 금세, 금시에   5) 재작년, 전   6) 널브러져, 흩어
7) 더욱이, 더   8) 덤터기, 허물   9) 굼벵이, 느린
10) 삼가야, 조심   11) 개구쟁이, 장난

어휘력 키우기 05회

·84~85쪽
1) 강렬한   2) 특별한   3) 창의력   4) 특성   5) 호출
6) 감동했다   7) 풍성한   8) 약재   9) 협박했다
10) 용서   11) 인정   12) 점자   13) 수자원   14) 분산   15) 본문   16) 효율성   17) 복합적   18) 편견

어휘력 키우기 06회

·86~87쪽
1) 하나   2) 본바탕   3) 근본   4) 매   5) 단속   6) 깨뜨려   7) 마땅   8) 한글날   9) 순수   10) 알게   11) 죽게   12) 삼대   13) 읽는   14) 원료   15) 살며시   16) 같이   17) 불만   18) 작은

어휘력 키우기 07회

·88~89쪽
1) 잇자국, 자국   2) 나룻배, 배   3) 베갯잇, 헝겊
4) 가욋일, 밖   5) 조갯살, 살   6) 사흗날, 셋째 날
7) 아틀리에, 예술가   8) 대가, 보수   9) 아무튼, 되어 있든   10) 곱빼기, 두   11) 다달이, 달   12) 눈곱, 액
13) 재떨이, 담뱃재   14) 비계, 기름   15) 단출합니다, 홀가분   16) 양칫물, 양치   17) 뒷간 / 칸살   18) 돌멩이, 돌   19) 칠흑 / 검고   20) 내비게이션, 지름길   21) 헝겊, 피륙   22) 수캉아지, 수컷

어휘력 키우기 08회

·90~91쪽
1) 가망   2) 관점   3) 갈대   4) 널리   5) 깨어져   6) 예   7) 짜임새   8) 값   9) 인생   10) 가르침   11) 늘어놓음   12) 끌어   13) 사납다   14) 통솔   15) 적게   16) 쓰이는   17) 슬퍼   18) 물러남

어휘력 키우기 09회

·92~93쪽
1) 소화   2) 수면   3) 진화   4) 유형   5) 전달
6) 무지   7) 관리   8) 약   9) 손   10) 돌

어휘력 키우기 10회

·94~95쪽
1) 확장   2) 맥락   3) 소규모   4) 개발   5) 성취
6) 반전   7) 석방   8) 개중   9) 화자   10) 성인
11) 전개   12) 증언   13) 구전   14) 저장   15) 유입   16) 언급   17) 개선   18) 적용   19) 반응
20) 산성   21) 화법   22) 투정

어휘력 키우기 11회

·96~97쪽
1.
1) (1) ①   (2) ②   2) (1) ①   (2) ③
3) (1) ②   (2) ①   4) (1) ①   (2) ②

2.
1) 낭떠러지, 언덕   2) 통째로, 덩어리   3) 일찍이, 이르게   4) 끼어들기, 비집고 5) 낫다, 고쳐져   6) 쌍둥이, 두   7) 단말마, 임종   8) 낚시꾼, 낚시   9) 짜깁기, 깁는   10) 반드시, 꼭

어휘력 키우기 12회

·98쪽

속담
1) 곶감, ㉤   2) 정신, ㉥   3) 팔자, ㉢   4) 하늘, ㉢ 5) 찬물, ㉠   6) ㉨   7) 태산, ㉦   8) ㉥   9) 떡, ㉣ 10) 모난, ㉧   11) 배, ㉡   12) 이, ㉧

119

·99쪽
관용구
1) ⓒ   2) 애간장, ⓛ   3) 코끝, ⓞ   4) 살얼음, ⓔ
5) 탯줄, ⓖ   6) ⓜ   7) 창자, ⓩ   8) 비위, ⓧ
9) ⓢ   10) 무릎, ⓚ   11) 잔소리. ⓣ   12) ⓥ

어휘력 키우기 13회

·100~101쪽
1) 범위   2) 세력   3) 실언   4) 상권   5) 무한히
6) 칼럼   7) 의사소통   8) 원만한   9) 존칭
10) 조화로운   11) 문화적인   12) 까막눈   13) 도
져서 14) 통역   15) 애처로운   16) 오락성   17)
상위어 18) 다의어   19) 하위어   20) 반의어   21)
피동 22) 두음법칙

어휘력 키우기 14회

·102~103쪽
1.
1) 성찰   2) 주자   3) 부활   4) 대변   5) 조화
6) 발각   7) 얼레   8) 주식   9) 곤경 10) 억압 11) 세
력

2.
1) ②   2) ④   3) ⑤   4) ①   5) ②   6) ③
7) ⑤   8) ⑤   9) ⑤   10) ④

어휘력 키우기 15회

·104~105쪽
1) 늘그막, 무렵.   2) 다디달다, 달다.   3) 비로소, 시
작   4) 구태여, 애써   5) 늴리리, 관악기   6) 트
림, 가스 7) 뒤탈, 탈.   8) 머리맡, 첫머리   9) 베
개, 머리 10) 숫양, 수컷   11) 위층, 위쪽   12) 아
지랑이, 아른아른   13) 띄어쓰기, 띄어   14) 괴
나리봇짐, 어깨   15) 눌은밥, 밥   16) 싫증, 싫은
17) 헹가래, 벌18) 찻잔, 잔   19) 강낭콩, 콩   20)
가엽다, 가엾다(둘 다 정답), 처연   21) 예삿일, 흔히

어휘력 키우기 16회

·106~107쪽
1.
1) ⓖ   2) ⓗ   3) ⓒ   4) ⓛ   5) ⓔ   6) ⓜ
7) ⓢ   8) ⓩ   9) ⓞ

2.
1) 공급   2) 감소   3) 배웅   4) 제자   5) 가까이

3.
1) 철학   2) 친숙   3) 한계   4) 조상
5) 격려   6) 암시   7) 엄격   8) 숭능
9) 명확   10) 인과   11) 풍습

어휘력 키우기 17회

·108~109쪽
1.
1) ①   2) ②   3) ③   4) ③   5) ①
6) ②   7) ①   8) ③

2.
1) ①   2) ⑤   3) ④   4) ⑤   5) ③   6) ④
7) ⑤   8) ①   9) ④   10) ⑤

어휘력 키우기 18회

·110~110쪽
1.
1) 자연적   2) 체계적   3) 인위적   4) 간접적
5) 정상적   6) 효과적   7) 교육적   8) 사실적
9) 필연적   10) 임의적   11) 창조적   12) 규칙적
13) 사회적   14) 전국적   15) 개성적   16) 신체적
17) 점차적   18) 서정적   19) 낭만적   20) 감각적
21) 논리적

어휘력 키우기 19회

·112~113쪽
1.
1) 단모음   2) 이중모음   3) 고모음   4) 중모음
5) 저모음   6) 원순모음   7) 평순모음   8) 전설
모음 9) 후설모음   10) 자음   11) 모음   12) 단
어 13) 음운

2.
1) ④   2) ②   3) ①   4) ③   5) ②   6) ⑤
7) ②   8) ④   9) ①   10) ②